中华哲学史

先秦编

张新宇◎著

ZHONGHUA ZHEXUESHI

XIANQINBIAN

新华出版社

图书在版编目（CIP）数据

中华哲学史. 先秦编 / 张新宇著.
-- 北京 : 新华出版社, 2020.5
ISBN 978-7-5166-5109-4

Ⅰ. ①中… Ⅱ. ①张… Ⅲ. ①哲学史－中国－先秦时代
Ⅳ. ①B2

中国版本图书馆CIP数据核字(2020)第058581号

中华哲学史. 先秦编

作　　者：张新宇

责任编辑：贾允河　　**封面设计：**刘宝龙

出版发行：新华出版社
地　　址：北京石景山区京原路8号　　**邮　　编：**100040
网　　址：http://www.xinhuanet.com/publish
经　　销：新华书店、新华出版社天猫旗舰店、京东旗舰店及各大网店
购书热线：010－63077122　　**中国新闻书店购书热线：**010－63072012

照　　排：六合方圆
印　　刷：北京文林印务有限公司

成品尺寸：160mm×230mm
印　　张：11.5　　**字　　数：**140千字
版　　次：2020年6月第一版　　**印　　次：**2020年6月第一次印刷

书　　号：ISBN 978-7-5166-5109-4
定　　价：39.00元

前言

中华传统文化博大精深，源远流长，而其核心便是中华哲学思想。但笔者在研究中华哲学之时，深感当世一些书籍在提炼古代经典的思想精髓时存在断章取义等情况，对读者造成误导。为了让大家特别是无古文功底者能够准确了解经典的原意，领略中华哲学思想的精髓，从中汲取智慧，笔者本着“为往圣继绝学”之心，开始创作本书。本书介绍了中华先哲思想的大略要义，虽力求理解客观、言辞有据，但偏颇之处在所难免，还望大家不吝指正。倘若读者朋友能从中有所收获，实乃笔者之庆幸，足以慰殚精竭虑之苦矣。

目 录

CONTENTS

第一章

东周以前的哲学

第一节 “天”主宰万物

中华哲学的起源，要追溯到在中华大地生活的先祖们开始产生思想，对天地万物和生产生活产生思考的时期。

公元前约 21 世纪—公元前约 16 世纪，在中华大地生活的先祖们由原始部落转入部落联盟时期，进入到了中国史书中记载的第一个朝代——夏朝。夏朝作为多个部落联盟或复杂酋邦形式的国家，为了维护自身统治的合理性，使各部族臣民臣服敬畏，其统治者继承了原始部落（亦或是创造出）“‘天’（上天、苍天）主宰万物”的理论。这一理论后经商周各代补充完善，影响甚远。

“‘天’主宰万物”的理论有哪些内容呢？它主要包含着以下三个方面。其一，“天”为万物的主宰，应该得到所有人的敬畏。其二，“天”创造出了包括人类在内的世间万物。其三，统治者是承受天命（天的意志）来统治臣民的，是“天”的子孙，也是“天”在人间的代理人，违背统治者的意志就是违背上天的意志，就要受到惩罚。

“‘天’主宰万物”这一理论具有着多重方面的意义。首先，明确了应受到人和万物最高敬畏的是“天”，这个“天”，很大程度上可以理解为现代汉语中的“大自然”，如此，其虽带有少量的拟人属性，但仍要比其他地区或各个宗教认为“有明确的造物主”的理论要先进和可贵得多。其次，为世间万物和自然秩序给出了“天”这个源头，回答了万物从哪里产生的问题。再次，证明了统治者的统治合理性，维护了社会的秩序。

第二节　《易经》

《易经》原指《连山易》《归藏易》《周易》这三部书，因前两部均已失传，现在多将《周易》直接称为《易经》（下文提到的《易经》均指《周易》）。相传《易经》为周文王姬昌所作。

首先，我们来了解一下《易经》的基本知识。

《易经》由 64 个卦（《易经》特有的标注符号）组成。了解卦之前，我们先要了解“爻”，“爻”是卦的基本单位，爻分为“阳爻”“阴爻”两种，分别用“—”和“--”表示，读音分别为“九”“六”，它们是《易经》将万事万物抽象出来表示两种对立势力（对立能量）的符号。每个卦由上下叠列的 6 个爻组成，从下到上分别以“初×”“×二”“×三”“×四”“×五”“上×”（其中×处以读音“九”或“六”代替）来描述这个卦中哪个位置的爻是阴爻还是阳爻。

《易经》的每个卦都有其特有的卦象（六个爻组成卦的记述符号）、卦名（卦的名称）、卦辞（对卦的描述或解说）。每个卦的每一爻也都有其爻辞（对爻的描述或解说）。

爻之间有着复杂的关系。同一卦六个爻的爻辞间相对独立、相对静止但又相互关联、相互作用，表示着不同时间、位置、阶段事物的发展状态和特点。同时，它们又共同体现着这个卦表示的整体的发生、发展过程以及现象、特点和应对方法，即这个卦的整体内容总结出的卦辞。

卦之间也有着复杂的关系。各个卦之间有两卦相“错”（将一个卦的6个爻中阴爻和阳爻完全互变即得到其错卦）、两卦相“综”（将一个卦的6个爻位置整体颠倒即得到其综卦）的关系，还有爻的变化使原来的卦变成另一个卦的关系。因此，这种牵一发而动全身的变化使得六十四卦之间有着丰富的联系，可以表现出无穷的变化形态，然后通过卦辞、爻辞来告诉人们每种形态或阶段有何特点、应该如何作为。

了解完《易经》的基本知识，接下来我们再来了解一下其蕴含的主要思想。（笔者深知《易经》博大精深，奥妙无穷，但为作本书则必须尽力尝试将其主要思想向大家进行介绍，粗俗浅见望读者朋友海涵。）

易即变化，所谓《易经》，就是阐述变化之道（规律）的经典。笔者看来，《易经》主要包括五个方面的思想。

第一，一切皆变。一切事物无时无刻不在变化。如果有人对此有所怀疑，认为某一事物没有发生变化，那么这可能是由三种情况导致的。其一，此人受自身认知水平限制没有察觉到这一事物的变化；其二，这一事物的变化暂时没有达到此人为它设定的质变标准；其三，当代科技还未达到能够观察到这一事物变化的高度。

第二，大致如此。事物在不断地变化，它的边界就是不断变动和比较模糊的。因此，我们在看待或描述一个事物或一种流派时，只能大致地圈定它的范围，掌握它包含的主要含义、观点、特点，没有必要花费精力去深究其不断变动的模糊的边界范围。亦即：看待事物，掌握“大致如此”就好。举个例子来讲：流传下来的中华典籍中，在很多情况下，“二”是为了表示“一”的对立面，而不是明确的数字序列中 1 和 3 之间的 2，即“非一”即是“二”（包括《易经》中也是如此）。所以，在这种情况下“二”和“多”（3、4、

5等等）都可以用“二”来表示。当我们明白了先贤的这个意思后，就完全没有必要花费精力去质疑当时的用词、表达方式与现代的不同了，“大致如此”就好。

第三，对立统一。事物的内部都包含着两种相对立的势力（能量），它们在事物的内部不断运动、相互转化、此消彼长（正是这种相互作用，推动着事物的运动、变化和发展），同时也共同有机组成着这个事物整体。所以，我们在分析事物时，看到它的一面就要想到它的对立面，同时也要知道二者是相互依存、相互作用、相互转化的（这也告诉我们分析事物不要简单地采用“二分法”），它们共同组成着这个事物的整体。

第四，物极必反。事物发展到极端，会向相反方向转化，世间万物因此而循环相生、不息不灭、周而复始。历代先哲深谙此道，从不竭力追求完美、圆满的处境。这是因为，当达到完美和圆满的状态时，必然产生新的隐患和残缺。所以他们希望使事物处在接近完美、圆满时有一点残缺的状态，即“花为全开月未圆”，因为此时才是最持久的最佳处境。

第五，明象位，立德业。《易经》给我们最具体的指导，就是让我们把遇到的事物代入到适当的卦和爻中，以卦辞、爻辞和爻之间、卦之间的关系来帮助我们分析所处的位置和阶段，让我们掌握此事物此状态的特点及其变化方式，教给我们最恰当的心态和做法，最终使我们避免更大的灾祸、达到期待的有利状态。

《易经》对中国产生了深远的影响。它被誉为“群经之首”“大道之源”，它是中华文明的源头活水，是中华文化的精髓，是中华民族智慧的结晶，它在中华文明中有着不可取代的重要价值和历史地位。《易经》能够达到如此地步，主要是基于以下两个原因：其一，它是中华文化的根源。《易经》内容极其丰富，其智慧可以启发和涉及哲学、政治、科学、艺术等诸多领域，是中国古代所有读书人必读的经典著作。正因如此，无论是春秋战国时期的诸子百家，还是此后历朝历代的学术达人，其思想理论都能在《易经》中找到渊源。同时，这也使得《易经》对中国几千年来的政治、经济、文化等各个领域都产生了极其深刻的影响。其二，它能够亘古常新。人类至今取得的多个领域最高成果，如辩证法（笔者感慨，中西方哲学的高层次理论成果是趋向同一的，只是在表述方式上存在着一些差异）、最新物理学理论等都能在其中找到相似之处。它虽与我们生活的年代相距数千年之久，但现在读来依然极富价值，并仍在启迪和推进着如物理、生物医学等学科领域的发展。

第三节　周公

周公，姓姬，名旦，也称周公旦，是周文王第四子，周武王的弟弟，周成王的叔叔。

在军事和政治方面，周公生平先后达成了辅助武王灭商、辅佐成王治国、平定三监之乱、东征开疆拓土、主持营建成周等诸多成就，笔者在此不作赘述。

在思想方面，周公极受孔子、孟子等崇敬，被尊为“元圣”，其思想对儒家的形成起到了奠基性的作用（很长一个时期儒家都将周公、孔子并称，直到唐开元年间唐玄宗下令取消了周公的文庙供奉资格，改以孔子为主）。周公“制礼作乐”（孔子一生的追求就是恢复周公所制的礼乐制度）的功绩和“敬德保民”的思想影响深远，我们将对此进行了解。（相传周公对《易经》的创作也有贡献，据说《易经》的爻辞为周公所作，笔者在此不作考证。）

首先，我们来了解周公“制礼作乐”的功绩。

中国被称为礼仪之邦，其根源要追溯到周公创制的礼乐制度。粗浅地讲，礼乐制度就是以礼仪规范和舞乐规模来严格区分尊卑等级的制度。具体来说，礼乐制度划分了严格的等级秩序（这种等级秩序既规范父子兄弟等家庭内部关系，也规范天子诸侯士大夫平民等社会阶层的关系），制定出了每个等级的人在日常社会活动中的行为规范。

礼乐制度的创设目的，就是让所有人各安其位，不做违背自己身份等级的事情，以此来构建尊卑有序、相处融洽、顺从统治的秩序社会，使国家能够长治久安。

礼乐制度对中国社会产生了深远的影响。首先，西周及后世各朝代都获得了礼乐制度带来的益处（除帮助维护统治外，比较有特点的如：设立嫡长子继承制在法律层面减少了兄弟争夺王位的隐患），它们在很大程度上都达到了礼乐制度的创设目的。其次，礼乐制度作为儒家“三纲五常”等思想的起源，一直影响至今。比如在当代中西方一些观念的差异上就有所体现：西方人大多认为人人生而平等，父母和子女是平等独立的个体（当然现在他们中很多人用“感恩”来弥补和完善这种思想）；而中国人则普遍认为父母比子女尊贵，子女应该尊重和孝敬父母。

接下来，我们来了解周公“敬德保民”的思想。

所谓“敬德保民”（这种指导思想主要体现在“明德慎罚”上），大体包含以下内容：上天眷顾护佑有德之人，所以要崇尚修养德性；上天顺从民众的欲望，所以保护爱戴民众才能够长治久安；统治民众要合理地引导教化，所以要审慎恰当地使用刑罚。

周公“敬德保民”的思想带来了很好的效果：其一，为周朝推翻商朝进行统治提供了理论支持（殷商统治者失去德性，周朝统治者因“天眷有德”而继承天命，取而代之）；其二，告诫了此后的统治者，只有持之以恒地谨慎修德，才能维护自身统治；其三，让统治者重视体察民情，使民众安乐；其四，启发并酝酿产生了后世的“德治”“法治”思想（如：德主刑辅、刑罪相称等）。

第二章

老子 附《管子》

老子姓李，名耳，字聃，陈国苦县人（今河南省鹿邑县），生卒年不详（可大致认同出生于公元前571年，逝世于公元前471年的说法，无需细究）。他被尊为道家的创始人，被誉为东方三大圣人之首，位列孔子和慧能之前（孔子十分崇敬老子，曾多次向其请教学问）。在道教中老子被尊为始祖，也称“太上老君”。

老子做过周朝管理图书典藏的官吏，笔者看来，他的学识和思想与此经历是密不可分的。老子汲取和继承了《易经》的思想，借以充实和发展出了自己的思想理论。

老子的思想记述在其著作《道德经》（旧称《老子》）中。此书是中国道家思想的重要来源，它文意深奥，包涵广博，被誉为“万经之王”，对中国哲学、政治、科学、宗教等方面都产生了深远的影响，并且还远播海外（据联合国教科文组织统计，《道德经》是除了《圣经》以外被译成外国文字发布量最多的文化名著），我们对老子思想的研究主要以此书为据。

第一节 道

老子提出了“道”这个概念，并将“道”作为其思想的核心。

“道”是什么呢？作为一个极为抽象的概念，老子说它恍惚幽深、无形无体、变动不居、既看不见又说不清。但笔者为作此书，不得不勉强做一解释，希望读者朋友从以下方面综合理解体会。总体上讲，“道”生成了万物，又内涵于万物；万物起源于“道”，又遵循着“道”。具体来说：“道”是宇宙万物的总根源，是它孕育派生了世间万事万物（既包括物质层面也包括精神层面）；“道”是一切事物（包括修身、治国等等）演化和应该遵循的总规律（或常理），“道”中包含着《易经》蕴含的万物变化规律；“道”是宇宙的本体，也是人最深层次的本心、本性（所以减少欲望、回归本真才能靠近“道”）。

老子说“人法地，地法天，天法道，道法自然”，我们理解起来，天、地、人都要效法和遵循“道”来运行，而“道法自然”（此处的“自然”不是现代汉语中它代表的含义）的意思，是“道”按照它自己本身去运行（因为“道”已经是最极限的标准和根源了）。

第二节　无为

老子所说的“无为”并不是消极主义的不作为。正所谓“道常无为而无不为”（这里也体现出无为与有为是对立统一的），这就是说“道”恒久的无为从而达到无所不为。也就是说，“道”通过无为这种方式来达到无所不为（即有为）的目的。换句话说，老子是在告诉我们，想要达到有为的目的，无为是比有为更加恰当和高级的方法。

老子认为，如果不使用“无为”这一方法，而是以“有为”的方法去做事，就会导致极为不利的后果。他告诫：不要不断地生事而是应该掌握并使用无为这种方法；不要为了逞强显露个体的聪明而把生事当作展示能力。

怎样践行“无为”呢？

老子所说的“无为”并非什么事情都不做，而是说应该按照“道”来行事。它崇尚这样一种行为原则和方式：按照因循事物的自然本性和总的发展趋势的基本要求，尽力摒除个人的私心（私欲之心、逞强竞争之心、好大喜功之心）和主观成见，以“道”所体现的圆柔的方式加以辅助或引导，使事情向着既有利于客观事物又有利于实践主体的方向发展。

第三节 上善若水

老子说："我有三宝，持而保之：一曰慈；二曰俭；三曰不敢为天下先。"也就是说，老子十分崇尚慈、俭和不敢为天下先这三宝（三种行为准则）。而老子所谓的这三宝又同时蕴含在他所说的"上善若水"之中。

首先，我们来了解慈。慈有着柔弱的特性。在老子看来，柔弱比刚强更值得推崇。他认为：刚强的事物容易折断，而柔弱的事物更能够生存；柔弱可以驾驭刚强（无为所崇尚的行为方式也符合这一原理），比如水是最为柔弱的，而它攻克坚强之物的能力是无可替代的（类比如：底层民众受执政者统治，但他们聚集推翻暴政的能力最为强大，无可替代）。慈同时具有着勇敢刚强的特性（可以看出，柔弱和刚强是对立统一的）。以战争举例，出于道义的正义之师往往更加勇敢刚强，所以慈正是勇敢刚强的力量来源。老子告诫，没有慈的勇敢刚强就会走向灭亡。

接下来，我们来了解俭。俭是节俭，同时俭也是广博，例如：圣人不刻意累积学识，但在向人传授的同时，自身的学识也变得更加丰富。除此之外，俭还包含啬、愚的特性。啬是吝啬，同时啬也是积攒，例如：根据小国寡民的思想，在国家小民众少的情况下，不使用器具、车船、武器和文字，有吃有穿，安居乐业，民众邻国之间互不打扰，只有这样才能积攒实力。愚是愚昧，同时愚也是聪明，例如：中国古代统治者普遍认为使民众愚昧是聪明智慧的治国之道。

最后，我们来了解不敢为天下先。所谓不敢为天下先，就是要居后处下（这里体现着守雌的行为方式，即谦下、处后、持静、内敛、含藏），而居后处下这种做法同时也正是达到居前处上这一目的的最有效的方式（即“不争”这种做法是达到“争”的目的的最有效方式）。老子说，江海因为位处下游，所以才能成为千百河谷之水归顺之处。所以说，圣人想要居人之上，就在言语中表示谦下；想要处于人前，就先把自己放在民众后面。这样，圣人居人之上时不让人感到沉重压抑；处于人前时也不遭人嫉恨加害，所以民众都乐于拥戴他。因为能够做到居后处下，所以没有人能够与他争雄。

至此，我们了解了老子所讲的三宝，而三宝的道理同时蕴含在他所说的“上善若水”之中。

所谓“上善若水”就是要学习水的德性。老子说，水滋润万物而不与万物相争，能够处在众人不愿居处的境地，这是它有谦下的德性；江海因为位处下游，所以才能成为千百河谷之水归顺之处。水是最为柔弱的，但它攻击坚强之物的能力是无可替代的，这是它有柔弱的德性；所以柔能战胜刚，弱能战胜强。因为是“无”，所以能进入“无”的里边（此处可大概类比为：没有体积的东西可以融入到没有缝隙的东西里面），由此可以知道无言的教诲以及无为的做法的益处了。与世无争，那么天下没有人能和他争锋，这就是效法水的德性。水的德性极为靠近“道”。“道”无处不在，水无所不利，躲避高处，居后处下，从来不会逆势而走，这是善于处地（选择自己的位置）；清澈而平静，深不可测，这是善于为渊（渊远深奥）；汲取而不会枯竭，付出不求回报，这是善于为仁（仁爱）；遇见圆处就环绕而走，遇见方处就折角而行，堵塞就停止，放开就流淌，这是善于守信（遵守诚信）；能洗去万般污秽，能正确评判高下，这是善于治物（治理万物）；用来载物就能漂浮物品，用来映照就能清澈照人，用于进攻就没有什么能够阻挡，这是善于用能（使用自己的能力）；无论白天黑夜，注满一处后才继续向前流淌，这是善于待时（等待时机）。所以圣人顺随着时机而行动，贤者应对不同的事情而变化，智者无为而治，达人（通达的人）顺应天意而生存。（老子举例的圣人、贤者、智者、达人的行为是学习水的德性，依“道”而行的典范。）

第四节　婴儿

前面我们提到，“道”是宇宙的本体，也是人最深层次的本心、本性。

老子认为，人在与外界接触时，会被各种感官所触发的欲望蒙蔽双眼、迷惑内心，距离自己最深层次的本心（即“道”）越来越远。

对此，他提倡了“婴儿”这一概念，就是崇尚回归到像刚出生的婴儿那样无私无欲、单纯天真、内心不被外物所染的状态，也就是反朴归真(“朴”是老子理论中一个重要概念,可以理解为素朴、纯真、自然、本初、淳正）。老子认为只有这样才是回归到了最深层次的本心，在自我的最深处靠近了“道”，如此，就能够十分清晰地认识到万事万物和其总的演化规律，达到内心真正的自由。

老子反对人为设置道德和行为规范。在他看来，礼乐仁义（孔子向老子请教时所提到的）都是繁杂的外物，会阻碍人回归本心，也即阻碍人追求“婴儿”的状态，因此不应该对这些去提倡和宣扬。他和孔子有过下面一段对话（此处笔者将对话的古文转换为白话文）。孔子看见河水滚滚东去，感慨时间易逝，不知人生归途。老子说：“人在天地之间生存，与天地是同为一体的。天地和人都是自己运行发展而来的事物。人的幼年、少年、壮年、老年的变化，就如同天地有春夏秋冬四季交替，为什么要悲伤呢？自然（按照它本身的道理运行，下同）而生，自然而死，任由它自己运行，那么本性就不会迷乱；不任由它自己运行，为所谓的仁义忙碌奔走，那么本性就会受到羁绊。心中存有功名利禄，就会产生焦虑；心中存有贪利欲望，就会增添烦恼。”孔子解释：“我是担心‘道’没有得到施行，仁义没有得到推广，战乱不能停止，国家混乱得不到好的治理。所以才有人生短暂，不能为世界做出功绩，不能为民众有一些作为的感叹。”老子说：“天地没有人推动而自己运行，日月没有人点燃而自己发光，星辰没有人排列而自己有序，动物没有人制造而自己产生，这都是自然在作为的结果，哪里需要人去作为呢？人的出生、死亡、荣耀、屈辱，都有自己运行的道理规律。依顺自然之理的趋势，遵从自然之道行为运作，国家就能自己和谐太平，人也能自己归于正途，何必去崇尚礼乐、倡导仁义呢？崇尚礼乐倡导仁义的行为违背了人的本性，就像用敲鼓的方式去寻找逃跑的人，鼓敲打得越响，那么逃跑的人听到后就逃得越远了。”

第五节　附《管子》

《管子》成书于东周至秦汉时期，是众多作者托名管子（管子，也称管仲，大约生于公元前723年、卒于公元前645年，曾给齐桓公做相，辅佐齐桓公成为春秋五霸之首）所著的文集汇编。（笔者看来，古代以人物命名的典籍，有时该人就是作者，有时是后学晚辈依其思想所作的文章被当时的学界认同，收录进入或汇编成为典籍，这与后人想要借助知名人士的名气传播自己思想的"伪书"是不同的。）

《管子》内容庞博，涵盖哲学、政治、经济、兵法等。其吸收借鉴了《道德经》的部分思想概念，孕育出了法家思想的萌芽(《管子》属于道家典籍还是法家典籍已自唐朝争论至今，笔者不作论证，但《管子》对法家有着重要影响是没有人能够否定的），同时还借鉴了些许其他典籍的观点（把在其他典籍中认可或提炼发展出的观点写在自己著作中这种借鉴方式在以后历朝历代都存在，这是对原典籍的认可和传承发展，并非恶意窃取抄袭），笔者因此将其附在老子这章。

《管子》吸收借鉴了《道德经》的部分思想概念，这在它很多篇章中都有明显体现。如："日损之而患多者惟欲"（《管子·枢言》）就是说应该每天减少欲望，这体现着老子提倡的少私寡欲的主张；"恬愉无为，去智与故。其应也，非所设也。其动也，非所取也"（《管子·心术》）就是说顺其自然，去除掉智慧和缘由，不要主动生事，这体现着老子提倡的绝圣弃智、无为的思想；“功成者隳，名成者亏”（《管子·白心》）就是说功绩名声成就之后就即将亏损毁坏，这与老子所提倡的功成不居和“道”所包含的物极必反的规律是相符合的。

《管子》与《道德经》也有不同之处，这主要是因为老子以“道”为核心，关注“道”本身，《管子》虽以其思想理论为依据，但将关注点更多地置于“道”的实际操作上，并且还借鉴了些许其他典籍提出了一些新的观点。

在治理国家方面，《管子》崇尚以法为主。该书的作者认为：事物被法规范，法来源于权势，权势来源于“道”。也就是说，法治是遵从“道”的最为恰当的治国方式。《管子》提倡的法治包含以下内容：法要有威严、法要明确周知、法是判明是非悬系民众性命的准则、法要得到严格遵守、统治者不能为任何一人枉法（即法律面前人人平等）。《管子》认为，统治者要绝圣弃智、至公无私、不生事端、制作和执行好法律，然后只需静静等待，国家就能够自己治理好。所以总体看来，《管子》在“道”和“无为”“婴儿”之中，创造了“法”这个中间过程。

《管子》提出了“精”（“精气”）的概念。其所谓的“精”，要从两个方面进行理解。首先，“精”是一种与物质形体相对的精神范畴的东西，是在与物质相对的层面上万物的组成部分，可大致理解为精神、灵魂。但同时“精”也有一定的物质性，思想意识、精神灵魂是由散落在天地之间的“精”聚集到形体中去的结果。《管子》书中“精”这一概念，是中国哲学形神二元论（即物质是由它的形体和精神两个相互独立的部分组成）的最早体现。

《管子》提出了一种认知事物的方法，把它称作“静因之道”。《管子》认为，在认识事物（主体认知客体）的过程中，客体是被认知的对象，主体是能否认知以及认知到达何种程度的关键。《管子》看来，想要达到“静因之道”，就要做到“虚”“一”“静”“因”。“虚”就是在认知之前主体不存有主观成见；“一”就是采取专心一意的态度；“静”就是不急躁妄动，安静地等待与事物接触；“因”就是作判断时要以事物原本的面目状况为根据。所以，所谓“静因之道”，就是认为主体要排除主观成见，等待接触事物之后，以专心一意的态度，根据事物最本真的面目状况去达到正确的认识。

《管子》传承借鉴了其他典籍中自己认可的观点，充实到自己的内容中。比较明显的，如《管子·牧民》一篇中著述的：“仓廪实则知礼节，衣食足则知荣辱”，这是说，物资富足才能顾及礼仪、知晓荣辱；“国有四维，一曰礼、二曰义、三曰廉、四曰耻”，这是说，礼义廉耻是国家的四大纲纪准则；“政之所兴，在顺民心；政之所废，在逆民心”，这是说，顺应民心是政权兴盛的原因，违背民心是政权衰落的缘由。这些言论，都能够在《周礼》中找到思想根源。

第三章
孔子

孔子名丘，字仲尼，鲁国人（今山东省曲阜市），出生于公元前 551 年，逝世于公元前 479 年。他被尊为儒家的创始人，被尊称为至圣先师，被誉为“世界十大文化名人”之首，其思想对后世产生了深远的影响。（笔者看来，孔子在思想造诣上不及老子，但其崇尚的社会道德伦理观念对于维护统治颇为有利，因此他更受历代统治者推崇，名声得以超越老子。）

孔子学识的来源，一是在追寻周朝礼乐制度中钻研典籍自学思考，二是向众多有识之士请教。《史记》中记述，孔子敬重并请教过周朝的老子、卫国的蘧伯玉、齐国的晏仲平、楚国的老莱子、郑国的子产和鲁国的孟公绰。

孔子年少时曾经做过委吏（管理粮仓的小官），做过乘田（管理畜牧的小官）。到了鲁定公时期，做过司空，后来做了司寇。他辅佐鲁定公与齐国国君在夹谷中会谈，会谈后齐国国君感慨孔子以君子之道辅佐鲁国君主，而自己的臣下却让自己失礼，于是为表歉意，归还了侵夺的原属于鲁国的土地。鲁定公十四年，孔子摄行国相权力，使鲁国得到了很好的治理。后来孔子与鲁国实际掌权者出现不和，鲁国实际掌权者以在分送祭肉给大夫们时不按惯例送给孔子的方式表明不想继续任用他，孔子不得已离开鲁国前往卫国。自此开始，他带领弟子辗转各诸侯国，力图实现复兴周礼的理想，但各诸侯国统治者都不采纳孔子的治国理念。等到他回到鲁国的时候，已经六十八岁了。此后他继续讲学授业并整理典籍文献，直至寿终。

孔子私人讲学授业的规模庞大繁盛，无人可及。相传他有三千弟子，其中学问高深的贤人有七十二位。孔子整理修订了《诗经》、《尚书》、《礼经》、《乐经》（现已失传）、《春秋》，他在晚年尤其喜爱研读《易经》，并著述了解释《易经》的最重要著作——《易传》（现传版《易传》由孔子后学在孔子所著主体的基础上增添了些许内容，但不能因此就隐没了孔子著《易传》的功绩）。现存于世能够体现孔子思想学说的典籍除了以上这些以外，还有《论语》《孝经》，这些都是研究孔子思想的依据。

第一节　正名

孔子说："天下有道，丘不与易。"（《论语·微子》）就是说如果天下有道，我就不追求变革了。在孔子看来，他所生活的时代已经"天下失道""礼崩乐坏"了，这便是他追求变革的原因。孔子认为，要想改变这种状态使社会发展回到正途，就要恢复西周时期的礼乐制度（即第一章第三节中我们提到的周公创制的礼乐制度）。而想要达到这一目标，其关键就是正名。

所谓正名，就是要辨正名分，让自身行为符合自己的身份。孔子对正名的解释是"君君，臣臣，父父，子子"（《论语·颜渊》），也就是说，父子君臣（可宽泛理解为所有人）要恪守自己身份所属的行为规范。这与西周"亲亲尊尊"的思想是完全相符的，充分体现着礼乐制度的精髓。

孔子强调，"名不正则言不顺，言不顺则事不成，事不成则礼乐不兴，礼乐不兴则刑罚不中，刑罚不中，则民无所措手足。"（《论语·子路》）也就是说，只有正名，才能使礼乐制度重新盛行，才能合理赏罚，才能让民众明确规范自己的行为。

正名的最终目的，与西周礼乐制度的创设目的是相同的。就是让所有人各安其位，不做违背自己身份等级的事情，以此来构建尊卑有序、相处融洽、顺从统治的秩序社会。

第二节 仁

在追寻恢复礼乐制度的过程中，孔子提出了“仁”这一概念，作为其思想体系的核心（孔子的思想主张无不体现着“仁”的思想，这在本章后几节中均有体现）。

“仁”是什么呢?

《论语》中有很多孔子关于“仁”的言论。“孝弟也者，其为仁之本欤。”就是说孝（孝敬父母）弟（也作悌，友爱兄弟）是“仁”的根本，这说明“仁”包含着孝弟。“夫仁者，己欲立而立人，己欲达而达人。”就是说自己想要站立就要帮别人站立，自己想要顺达就要让别人顺达，“己所不欲，勿施于人。”就是说自己不想要的事物，切勿强加于人，这说明“仁”包含着忠（尽心诚意）恕（推己及人）。“人而不仁，如礼何。人而不仁，如乐何。”就是说人不遵从“仁”，那么如何能遵从礼乐呢?这说明“仁”包含着礼乐。“里仁为美，择不处仁焉得知。”就是说处于“仁”的境界是美好的，不崇尚“仁”是没有智慧的表现，“仁者安仁，知者利仁。”就是说仁者处仁为安，有智慧的人以“仁”为有利的选择，这说明“仁”包含着智慧。“仁者必有勇，勇者不必有仁。”就是说仁者一定勇敢，但勇敢的人不一定有仁德，这说明“仁”包含着勇敢。“‘能行五者于天下，为仁矣。’请闻之，曰：‘恭、宽、信、敏、惠。’”就是说能将恭、宽、信、敏、惠五方面做到就是达到了“仁”的境界，这说明“仁”包含着恭（恭敬）、宽（宽厚）、信（守信）、敏（聪敏）、惠（施惠于人）这几种品德。

后人也有一些解释“仁”的言论。“仁者功施于人。”（何晏《论语集解》）这是说仁者把功劳和成果施与他人。“博爱之谓仁。”（唐代韩愈《原道》，晋朝袁弘《后汉纪》卷三中也有这句话）这是说“仁”就是博爱。“爱曰仁。”（周敦颐《周子通书》）这是说爱就叫做“仁”。

所以综合看来，孔子所谓的“仁”，是一个含义广泛的道德规范体系，孔子把它作为人的最高道德追求。它包括孝（孝敬父母）、弟（也作悌，友爱兄弟）、忠（尽心为人）、恕（推己及人）、礼（守礼）、知（智慧）、勇（勇敢）、恭（恭敬）、宽（宽厚）、信（守信）、敏（聪敏）、惠（施惠于人）等内容。

“仁”有着怎样的特点呢？

首先，与“道”相比，“道”规范天地万物（规范人只是“道”的很小一方面作用），“仁”规范人的行为。所以对天地万物来说，就要注重道；对人来说，就要注重仁。“人之为道而远人，不可以为道。”（《中庸》）就是说人不能刻意追寻“道”，这是因为遵循“道”就要“无为”，不能刻意去追寻，人只需顺应自然发展就好（所有事物的自然发展本身就是在“道”的规范下进行的），孔子提出的“仁”则是为人设置了可以明确追寻和践行的目标。“人能弘道，非道弘人。”（《论语·卫灵公》）就是说人能践行弘扬光大“道”（其方式就是人去追寻“仁”），而不是“道”去弘扬光大人（这是因为“道”对天地万物都公平，不单独偏心于人）。

其次，每个人向自身努力寻求都能达到“仁”。“仁远乎哉，我欲仁，斯仁至矣。”（《论语·述而》）就是说“仁”并不遥远，我想达到“仁”，“仁”就到了，这是说人不需要向外界奔走追求，只要向内心挖掘寻求就能达到“仁”。“有能一日用其力于仁矣，我未见力不足者。”（《论语·里仁》）就是说我未曾见过努力一天却达不到“仁”的人，这是说每个人稍作努力就能够达到“仁”。

再次，“仁”在任何时候都要被追求和践行。“君子无终食之间违仁，造次必于是，颠沛必于是。”（《论语·里仁》）就是说君子在情况紧急、颠沛流离的时候（可宽泛理解为在任何时候）都不违背“仁”。

从次，“仁”是建立在人与人之间相互关系上的。汉代郑玄说：“仁，相人偶也。”就是说“仁”就是人和人相亲相敬。清朝陈澧在《东塾读书记》中说：“通彼我斯谓仁。”就是说通晓彼此思想喜好就叫做“仁”。梁启超在《先秦政治思想史》中也沿袭了陈澧的这一说法。据此，再结合本节叙述的“仁”所包含的内容，我们可得知，“仁”是建立在人与人之间相互关系上的，假使天地间只有一个人存在，也就无所谓“仁”与“不仁”了。

最后，克己复礼就是“仁”。“克己复礼为仁。一日克己复礼，天下归仁焉。”“非礼勿视，非礼勿听，非礼勿言，非礼勿动。”（《论语·颜渊》）就是说克己复礼就是“仁”，一旦这样做了，天下就达到了“仁”的境界，具体就是不看、不听、不说、不做任何不符合礼的事物，也就是说人的任何行为都合乎礼乐制度，那就达到了“仁”的境界。

第三节　忠恕

忠就是尽心诚意，恕就是推己及人。孔子认为，践行忠恕是追寻“仁”的方法和途径。

樊迟向孔子请教“仁”的时候，孔子回答说：“居处恭，执事敬，与人忠。虽之夷狄，不可弃也。”（《论语·子路》）就是说居处要恭敬谦卑，做事要敬业严谨，对人要尽心诚意，无论在哪里都不能违背这些道理。这是通过忠来追求“仁”的体现。

仲弓向孔子请教“仁”的时候，孔子回答说：“出门如见大宾，使民如承大祭。己所不欲，勿施于人。在邦无怨，在家无怨。”（《论语·颜渊》）就是说出门就像拜会尊贵客人，支使民众就像进行大型祭祀，自己不喜欢的不要强加于人，这样在哪里都不会被怨恨。这是通过恕来追求“仁”的体现。

《大学》对此也有详尽的叙述。“君子有诸己而后求诸人，无诸己而后非诸人。所藏乎身不恕，而能喻诸人者，未之有也。”就是说君子自己做到才要求别人做到，自己杜绝再要求别人杜绝，不采取这种推己及人的恕的品德而就去要求别人，是不可能达到目的的。“是以君子有絜矩之道也。所恶于上，毋以使下；所恶于下，毋以事上；所恶于前，毋以先后；所恶于后，毋以从前；所恶于右，毋以交于左；所恶于左，毋以交于右。此之谓絜矩之道。”就是说君子懂得絜矩之道，厌恶某种行为，自己在做事时就要杜绝此行为以免招致他人的厌恶，这叫做絜矩之道。我们可以体会，这些言论的核心也是忠恕。

《大学》是孔子的弟子曾子所作的，其中的记述是十分可信的，而《论语》中也有相关言论与此印证。曾子说："夫子之道，忠恕而已矣。"（《论语·里仁》）就是说老师（孔子）的思想学说，就是忠恕。

我们在理解和体会忠恕时需要注意什么呢？

忠和恕是不可分割的。坚持忠就能达到恕，坚持恕就会达到忠。做到忠就会尽心诚意，做到恕就会推己及人。不能尽心诚意，就无法推己及人，如果不能推己及人，也就算不上真正做到了尽心诚意。所以大多把忠和恕并在一起谈论，如果单独谈论其中之一，则另一点也是包含在它之内的。

坚持忠恕，就能达到成己成物的状态，也就是既成全自己，也成全外物。"诚者，非自成己而已也，所以成物也。成己，仁也。成物，知也。性之德也，合外内之道也。"（《中庸》）就是说尽心诚意，不光是要成全自己，还要成全外物，成全自己是仁的表现，成全外物是智慧的表现，这体现了成己（忠）是"仁"的体（实体、内容），成物（恕）是"仁"的用（用处、作用，同时也是"仁"包含的一部分内容），有体有用，所以合乎外内之道。

忠恕的最高阶段是无限接近"仁"的。在这种状态下，天地万物都存在于自己的心胸之中，任何一个民众没有得到适当安顿，对于自己追求"仁"来说都是有所欠缺的。

第四节　孝弟

践行忠恕首先要从孝弟开始。孝就是孝敬父母，弟（也作悌）就是友爱兄弟。

孝弟是忠恕的基础，也是追寻“仁”的第一步。由孝弟充实发展进而做到忠恕，把忠恕实施到最高阶段去接近和达到“仁”，这是恒久不变的追寻“仁”的途径。

“爱亲者不敢恶于人，敬亲者不敢慢于人。”（《孝经》）就是说敬爱父母的人不会伤害和怠慢他人，这体现着由孝弟可以推广到忠恕。

“不爱其亲，而爱他人者，谓之悖德。不敬其亲，而敬他人者，谓之悖礼。”（《孝经》）就是说不敬爱自己父母而去敬爱外人的行为是违背道德和礼法的，这说明忠恕反过来包含着孝弟的要求。

“事亲者，居上不骄，为下不乱，在丑不争。”（《孝经》）就是说侍奉孝顺父母的人，居于上位时不骄傲，处于下位时不作乱，在众人之中时不忿争。“其为人也孝弟，而好犯上者，鲜矣；不好犯上，而好作乱者，未之有也。君子务本，本立而道生。孝弟也者，其为仁之本欤！”（《论语・学而》）就是说做到孝弟的人很少会触犯上层，不想触犯上层就更加不会想要作乱。君子致力于根本，根本牢固之后“道”才能产生，而孝弟就是“仁”的根本。这说明“仁”是孝弟的最高阶段，孝弟是“仁”的最基本要求。

第五节　富教

孔子看来，在治理国家时（笔者看来，由个人修养层面推己及人思考到治理国家层面，这是孔子践行忠恕的体现）要进行富教，即富民和教民，就是先使民众富足然后再教化他们。这在他和弟子冉有的一段对话中有所体现。“庶矣哉！”“既庶矣，又何加焉？”“富之。”“既富矣，又何加焉？”“教之。”（《论语·子路》）就是说“这里人口众多啊！”“人口众多之后，应该做什么？”“使他们富足。”“那么富足之后，还应该再做什么？”“教化他们。”

孔子的这一观点为后世之人研究治理国家提供了重要的思路。笔者看来，时至今日这一思路依然极具价值，富民即先把主要精力投入到实现物质丰富方面，在此基础上实施教民，就是再把主要精力转移到精神层次的建设上。

对于如何富民教民，孔子给出了答案。如何使民众富足呢？孔子说：“节用而爱人，使民以时。”（《论语·先进》）就是说要节省开支，杜绝浪费，爱护民众，在恰当的时间让百姓做合适的事。如何教化民众呢？孔子说：“道之以德，齐之以礼，有耻且格。”（《论语·为政》）就是说用道德去引导他们，用礼制去同化他们，这样民众就会有羞耻之心并且能够真心归服。

第六节　大同

孔子把他所憧憬的理想社会状态称为大同，他把大同作为富教的最终目标，同时也是“仁”施行后所达到的最理想境界。

孔子为我们描述了社会达到大同的样子。“大道之行也，天下为公，选贤与能，讲信修睦。故人不独亲其亲，不独子其子。使老有所终，壮有所用，幼有所长，矜寡孤独废疾者皆有所养。男有分，女有归。货恶其弃于地也，不必藏于己，力恶其不出于身也，不必为己。是故谋闭而不兴，盗窃乱贼而不作，故外户而不闭。是谓大同。”（《礼记·礼运》）就是说大道实行的时代，所有人都以大众共同利益为核心，选拔贤才能人，讲求诚信和睦。人们不仅仅只敬爱自己的父母，不仅仅只疼爱自己的子女。老人能够得到善终，青壮年能够为社会效力，儿童能够茁壮成长，鳏寡孤独废疾的人（代指所有生活困难的人）都能得到供养。男子有职分，女子有归宿。把丢弃财物和不愿劳作当作耻辱，但不必把财物和劳动成果归于自己。这样一来图谋诡计和盗窃作乱就不会产生，外出的时候也就不需要闭门锁户。这种社会状态就叫作大同。

笔者感慨，古今中外人类最为憧憬的理想社会形态都是十分相似的。无论是政治层面的共产主义社会，还是宗教层面的理想天国、极乐世界，亦或是游记小说中描绘的乌托邦，都与大同社会有着很大程度上的相似。

包括孔子在内，古今中外众多仁人志士把这些名称不同本质类似的人类共同憧憬的理想社会作为自己所追寻的终极目标，在自己有限的人生中为社会的发展尽己所能不懈奋斗，笔者看来，这是一种极具智慧的做法。这是因为，人在追寻自己认为有意义的目标的过程中会感到充实而幸福，这种充实和幸福大多情况下会超越目标达成之后的快乐，这是因为当目标达成后，生命在锁定下一个目标之前会陷入到迷茫空虚、内心不安。而仁人志士的这种做法，寻找到了自己坚信有意义的、在自己有生之年无法达到的目标，将自己有限的生命投入到追寻这个目标的过程之中，这既为推动社会进步贡献了自己的力量（以老子的思维可能对此未必认同），也为自己的人生赋予了意义和价值，同时，又使自己始终处在追寻这一目标的过程中，也就能够一直汲取此状态下的充实和幸福，所以笔者认为这是极具智慧的做法。

大同和人类共同憧憬的其他名称的社会形态都是美好而遥远的，它们虽短期难以达到，但此后历经漫长的岁月，只要在此期间不发生让人类灭绝的灾难，那么不论是在人类的努力下（这是现在多数人的看法）还是社会本身的运转下（这是老子的思维），社会的发展都会不断地接近人类最憧憬的状态，而在这个不断接近以至于无限接近它的过程中，我们始终都拥有选择从中汲取充实和幸福的机会。

第七节　知命

知命，粗浅理解起来就是感悟知晓上天（命运）的安排。具体来说，知命包含着一种理念，就是做到自己应该做的事情，至于结果如何自有上天安排，自己内心不必挂怀。

孔子看来，知命是非常重要的。“君子有三畏：畏天命、畏大人、畏圣人之言。”（《论语·季氏》）就是说君子有三种敬畏：敬畏天命、敬畏大人、敬畏圣人的言论，这其中孔子将敬畏天命列在了第一位。“不知命，无以为君子。”（《论语·尧曰》）就是说不懂得知命之道，就不能做君子，这就是说懂得知命是做君子的必备条件。

知命的思想是何时产生的呢？笔者看来，孔子知命的思想是在他周游列国时酝酿产生的，在他著述《易传》之前已经汇聚明确了。

孔子历经数十年奔走于各诸侯国宣扬自己的治国理念都不被采纳，并且还屡遭困境，在此期间，他慢慢感悟到了一切自有上天（命运）的安排，这种知命思想的萌芽为处于困境的孔子提供着精神上的支撑和安慰。孔子在被公伯寮困窘时说：“道之将行也与，命也。道之将废也与，命也。公伯寮其如命何！”（《论语·宪问》）就是说道的施行和废弃，都有天命来决定，公伯寮如何能与天命抗衡。孔子被围困在匡（地名）时说：“文王既没，文不在兹乎？天之将丧斯文也，后死者不得与于斯文也；天之未丧斯文也，匡人其如予何。”（《论语·子罕》）就是说周文王去世以后，我完整地传承了他的思想主张，上天如果想要这些思想消失，就不会让我掌握了，上天如果不想让这些思想消失，那么匡地的人又能把我怎么样呢?

孔子知命的思想在其著述《易传》之前已经汇聚明确了，他把这种思想体现到了《易传》的多个地方。《讼卦》（《易经》中的一卦，下同）九四爻的《小象传》：“复即命渝，安贞不失也。”就是说各自安归于命义，就不会失去安定坚贞。《否卦》九四爻的《小象传》：“有命无咎，志行也。”就是说有天命安排，必无过错，志向意愿能够达成。《姤卦》九五爻的《小象传》：“有损自天，志不舍命也。”就是说得失自有上天安排，志向意愿也依据着天命。《困卦》的《大象传》：“君子以致命遂志。”就是说君子感悟天命才能使志向意愿顺遂。《鼎卦》的《大象传》：“君子以正位凝命。”就是说君子正当其位，聚焦顺从天命。《巽卦》的《大象传》：“君子以申命行事。”就是说君子应该依据天命行事，切忌自作主张。《系辞》总论时说：“乐天知命故不忧。”就是说安乐于天命的安排就不会忧愁。《说卦》继续阐明说：“穷理尽性以至于命。”就是说穷究天下万物的根本原理，彻底洞明人类的心体本性，来达到感悟天命的状态。

孔子总结自己学习和修行的过程时说：“五十而知天命，六十而耳顺，七十而从心所欲，不逾矩。”（《论语·为政》）就是说我五十岁感悟知晓天命，六十岁能听得进逆耳之言，七十岁可以随心所欲但又不超越规矩（就是说已经没有了逾越规矩的不恰当的欲望）。也就是自认为在五十岁才真正懂得了知命（笔者看来，此时孔子才些许领悟到老子所认为的万物按照“道”的规范来运行的道理，因为“道”也包含着天命的含义）。

孔子看来，懂得知命以后就能达到一种舒适的状态，《中庸》将它描述为“无入而不自得”，即不论处在什么境遇内心都能够安然自得。这也就体现了知命的作用，即人在懂得知命后，就能够享受过程，坦然心安地接受结果，内心变得豁达并且容易得到快乐。

第四章

墨子 附宋钘

墨子，名翟，出生于宋国（一说为鲁国，但可以确定在宋国活动时间较长），出生时间比孔子略晚（具体年份说法不一，无需细究）。他是墨家的创始人。

了解墨子的思想学说首先要研究其独特性，这对全面理解墨子思想有很大的帮助。墨子的思想有哪些独特性呢？

首先，墨子对社会发展有着自己的思路。为扭转周朝衰落的趋势，墨子认为要把社会秩序整体推翻重新构建，这是他思想主张的总根源；为阻止贵族富人搜刮民众资产、竞相攀比奢侈，墨子认为要进行经济改造，建设以劳动为核心的互助社会；为从思想根源上改变诸侯国连年战乱的状态，墨子提出和倡导兼爱，再从兼爱这一根本观念上，发展出了非攻等思想。

其次，墨子的思想与道家思想有着明显区别。在墨子生活的时代，道家的思想在社会上已很占势力。老子提倡“无为而治”，就是用“无为”的方法自然而然达到治理的效果，提倡“不尚贤使民不争”，就是说不推举选拔模范这样就让民众没有相争的心理。而墨子却注重“人为”（即人要积极作为），认为天下的事情不能全凭运气放任其自行发展，所以他主张要进行干涉，同时他还主张贤人政治，他提倡的“尚贤”与老子提倡的“不尚贤”也是截然相反的。另外，道家学派之一的杨朱学派（在下一章我们将对其详细了解）主张通过对个体的自我完善进而达到社会的整体和谐，墨子认为这是厌世的思想，是志行薄弱的人的行为，对这种主张也极力反对。

最后，墨子反对儒家的思想主张。墨子年少时研习过儒家思想，后不认同其观点，于是独树一帜创立墨家（记载于《淮南子·要略》）。为扭转周朝衰落的趋势，孔子的思路是恢复“周礼”，墨子对此并不认同，有着自己的思路（前文已提到）。另外，墨子在《墨子·鲁问》中列举了反对儒家的四个理由：一是不敬畏上天和鬼神；二是陪葬过厚和治丧过久；三是礼仪声乐过于繁杂；四是相信命运致使民众丧失作为的积极性。墨子看来儒家这四点足以丧失天下。

研究墨子的思想，主要资料就是《墨子》一书。此书由墨子本人的著作和其弟子收集其事迹语录完成的篇章汇编而成（其中墨子自著的篇章很少），书中记载了墨子“兼爱”“非攻”“尚贤”“尚同”“节用”“节葬”“非乐”“天志”“明鬼”“非命”等思想主张（同时记载着墨子在物理学、辩论学等多个学科的思想观点，体现着他在多个领域的精深造诣，笔者在此不做详述）。《汉书·艺文志》记载《墨子》共有七十一篇，但现今存世的仅剩五十三篇，逸失的十八篇中八篇存有目录，十篇连同目录全部逸失。通常认为，《墨子》在先秦诸子中，最为难读，这主要有两方面原因：其一，传世以来，《墨子》受孟子的排斥，致使历代儒者均不过问此书，使得《墨子》长期没有校勘和注释；其二，原书文辞朴实无华，大量使用当时的白话，导致后人难以理解，出现这种情况是因为墨家认为这样做可以避免读者被文辞吸引而无法关注到文章的内涵（记载于《汉书·艺文志》的《田俅子》篇）。

第一节 兼爱

所谓兼爱，就是指像爱护自己一样去爱护别人。它是墨子思想体系的核心。

墨子看来，不相爱是天下所有乱象兴起的原因。子女不孝敬父母、弟弟不友爱兄长、臣子不爱戴君主，都是因为他们只爱自己没有把对方当成自己一样爱护。反过来父母不爱护子女、兄长不友爱兄弟、君主不爱护臣子也是同样的原因。延伸到盗窃抢劫现象出现也是如此，犯罪者只爱自己而没有把受害者当成自己一样爱护。再延伸到大夫侵扰家族、诸侯相互攻伐也是这一原因，都是只爱护自己家族（或诸侯国）不爱护其他家族（或诸侯国）所致。

为了阻止这些乱象发生，墨子提出要实行兼爱。墨子看来，如果天下人都能够兼爱，把别人当成自己一样爱护，那么自私自利的心理就能消除，不孝不慈、盗窃抢劫、侵扰家族、诸侯混战等等这一切罪恶乱象也就自然消灭了。

要想做到墨子提倡的兼爱，全心把别人当成自己一样爱护，关键的一点就是做到“爱无差等”（不区分差别等级地爱护人），此观点与儒家的思路有着明显区别。墨子说：“兼以易别。”（《墨子·兼爱下》）就是说用“兼”的思想来改变“别”的思想。这里的“兼”就是更重视集体的利益，“别”就是更重视自我的利益。墨子认为，只有不突出自我，才能不区分差别等级地爱护人，以至实行兼爱，阻止乱象发生。而儒家等学派的思路，都是以自己为中心，一层一层地推出去。正所谓“天下之本在国，国之本在家，家之本在身”（《孟子·离娄上》）。就是说天下的根本在于国（诸侯国），国的根本在于家，家的根本在于自身。所以儒家十分看重“恕”，专门用来提倡推己及人，即爱护自己，就也要爱自己同类的人，爱自己的家，也要爱别人的家，爱自己的国，也要爱别人的国，这是孔子泛爱的思路。孔子和墨子在此问题上的根本不同，在于孔子有“己身”“己家”“己国”的观念，既已有个“己”（自己），自然有个“他”（他人）相对，“己”与“他”之间，必然包含一些差别。而墨子看来，如果强调出有个“己”来区别于“他”，那么到了彼我利害冲突的时候，就很容易出现损人利己的情况，这样来提倡泛爱是矛盾和不彻底的。墨子说：“爱人，待周爱人然后为爱人。不爱人，不待周不爱人。不周爱，因为不爱人矣。”（《墨子·小取》）就是说爱护所有人才是爱人，而不爱人不必等到不爱所有人，只要爱得不周遍（有爱有不爱）就已经是不爱人了。儒家体现出的“爱有差等”，结果一定会落到有爱有不爱（相对的偏爱己方），墨子看来这就是兼爱的反面，即“别相恶”，就是说区别等差致使相互厌恶产生罪恶，这也体现了墨子认为的“爱有差等”造成的不相爱是天下所有乱象兴起的总原因。

古往今来有很多人质疑兼爱理论虽然十分理想但是否能够真正实行呢？墨子对此早已给出了肯定的答案。墨子说：“用而不可，虽我亦将非之。焉有善而不可用者？”（《墨子·兼爱下》）就是说倘若是不实用的事物我也会起来反对它，哪里有好的却不能实用的东西呢？墨子讨论事物的善恶，是以其实用与否做标准的，他认为“善”的范围和实用的范围一定是相吻合的，所以他确信兼爱可以实行，然后才如此主张和提倡的。

墨子如何证明兼爱能够实行呢？他认为从人类的利己心，可以得到反证。他在《墨子·兼爱下》中以孝子为例，孝子希望别人爱护他的父母，所以他首先去爱护别人的父母，这正是投桃报李的道理。墨子还引用许多古代圣王兼爱的例证，如成汤为民求雨而以身牺牲等，说明兼爱并不是不能实行的。

墨子认为，实行兼爱以后社会将达到最理想的状态，他对此有着大体的描绘。君臣父子孝慈相爱、盗窃抢劫不再发生、大夫家族不相扰乱、诸侯国间和平共处，一切罪恶不再发生，人们之间相互友爱。笔者不禁再次感慨古今中外人类最为憧憬的理想社会形态都是十分相似的。我们可以看到，兼爱社会与孔子提出的大同社会有着很大程度的相似，在这里我们可以体会，墨子和孔子期待的理想社会形态相同，只是为达到此目标提出了不同的方法。此外，在兼爱社会中，我们还可以从中看到共产主义社会的粗略缩影，兼爱使人们不突出自身（私有），而都更加注重集体利益（共有共享），同时消除一切罪恶乱象，这和消灭私有制、消灭剥削压迫的共产主义社会也是十分相似的。

兼爱是墨子思想体系的核心，墨子的其他主张都是从兼爱这一根本观念中发展出来的。“非攻”是兼爱在国家（诸侯国）之间关系方面的体现。“尚贤”与“尚同”相辅而行的行政管理原则是兼爱在治理国家方面的体现。此外，为了防止奢侈浪费、厚葬久丧以及音乐活动影响生产或耗费物资以致因争夺物资引发战争，他提出了“节用”“节葬”“非乐”。至于“天志”“明鬼”，其实是在借民众对上天和鬼神的敬畏来推行兼爱思想。提倡“非命”是防止民众过于相信命运，因为过于相信命运就会导致不作为，这也就包括不会去实行兼爱了。

第二节　非攻

兼爱体现了墨家的仁，非攻则体现了墨家的义。墨子为了阻止世间乱象而提倡兼爱，又把兼爱运用到国家（诸侯国）之间从而提出了非攻。

所谓非攻就是反对一切非正义的战争。这里，墨子所“非”（反对）的，是“攻”（攻伐、非正义战争），而不是“战”（战争）。也就是说，他反对攻伐侵略，而鼓励支持受侵略的国家积极自卫。

墨子强调，非正义的战争危害极大。在《墨子·非攻上》中他说到，很多人认识到偷盗杀人是不义的，却没有认识到发动攻伐战争的不义。墨子批判了颠倒黑白为侵略战争辩护的行为。

非攻这一主张在当时是较为先进的。春秋末年，在饱受战乱疾苦之后，各诸侯国间流行起一种“寝兵说”，倡导停止战争，晋楚弭兵会盟就是在这种思路下开展的。而墨子提倡的非攻比“寝兵说”更为先进和切实可行。墨子深知光靠宣扬不要发动攻伐战争无法完全达到理想效果，于是辅之以支持受侵略的国家积极自卫（这是非攻比“寝兵说”多出来的内容），包括著述战争防御理论（集中在《墨子·备城门》以下十一篇，在中国兵法史上产生了重要的影响，以至于此后一切牢固的防御都被称为“墨守”）和带领弟子为受侵略国家防守城池，以此阻碍攻伐战争的成效。他从正反两面共同作用使诸侯国丧失攻伐之心，双管齐下努力阻止攻伐战争的发生。

墨子倡导非攻不仅仅停留在口舌上，也在切身实践。《墨子·公输》记述了这样一段故事：墨子听说公输盘（即鲁班）替楚国制造了云梯（一种攻城的器械）准备攻打宋国，于是日夜不休快马加鞭，历时十天十夜到达楚国，在楚王面前和公输盘进行了沙盘演练，完美破解各种进攻并取得了最后的胜利，以此迫使楚王放弃了攻伐宋国的想法。

第三节　尚贤 尚同

尚贤与尚同是墨子在治理国家方面提出的管理原则。所谓尚贤指的是崇尚贤才，所谓尚同指的是民众与君主上下一心共同遵从上天的意愿。

尚贤要求选举贤才作为官吏。《墨子·尚贤上》中说："列德而尚贤，虽在农与工肆之人，有能择举之人。"就是说遇到有才能的人，即使出身微贱，也要推举重用他。在现在来看，这是超越贵族世袭制维持国家良好治理能力的进步主张。墨子提出的尚贤与孔子举贤才的思路是有差异的。孔子提倡的举贤才是把选贤举能当作在贵族世袭之外的辅助手段，而墨子的尚贤则是把是否有才能作为主要的衡量标准，较之更为彻底。

尚同要求民众与君主都遵从上天的意愿，上下一心，实行义政。墨子在《墨子·尚同上》中以国家起源举例，远古没有统一治理的时候，每个人都有自己认为的行为道义，众人不统一，致使天下像禽兽一般混乱，究其原因是因为没有统一的君主。有了君主以后，君主要遵从上天的意愿，民众要严格认同和遵守君主的是非标准，使天下行为道义的标准得以统一，这样才能结束混乱。

尚贤与尚同相辅相成，为治理国家提供了规范原则，更为兼爱社会的达成筑牢了基础。

第四节　节用 节葬 非乐

攻伐战争兴起是因为相互争夺，相互争夺兴起是因为物资不足。倘若有办法解决物资不足的问题，攻伐战争也就随之消失了。墨子因此提出了节用、节葬、非乐。所谓节用就是节约物资，节葬就是反对厚葬久丧，非乐就是不进行音乐活动。

《墨子·节用上》中讲到，施政要注重适用，使财物不被浪费，使民众减少劳苦、获得利益，这样国家才能富足，财力才能加倍增长。房屋、衣服、饮食、车船这些物资适用即可，不能穷奢极欲，过度耗费民力财力，使民众生活陷于困境之中。这里的适用，是指让事物发挥出它最原本的用途即可，没必要进行过多的修饰。（墨子一贯强调要注重本质，不要太过在意表面或细节的东西，这在本章开头部分笔者介绍《墨子》原书文辞朴实的原因时也有所体现。）

节葬是墨子针对厚葬久丧而提出的节约主张。墨子认为，厚葬久丧不仅浪费了财物，而且阻碍了人们从事生产劳动，并且影响了人口的增长。这不仅对国家和民众不利，而且也不符合古代圣王的传统，因而必须予以废止。

提倡非乐，是因为墨子认为从事音乐活动会妨碍民众进行生产劳动，而且音乐还会使人沉溺于荒淫之中，所以应该将其禁止。

墨子看来，做事应该使民众获利，奢侈浪费、厚葬久丧、音乐活动都不利于发展生产和积累物资，甚至可能会导致因争夺物资而引发战争，所以他认为应该阻止这三类行为。

第五节　天志 明鬼

长期以来，众多学者将天志、明鬼归为墨子的宗教思想，笔者对此并不认同。

所谓天志是指上天的意志。《墨子·天志》中讲述，上天喜欢义，憎恶不义，上天希望人们实行兼爱，反对相互攻击。人如果违背了上天的意志就要受到惩罚遭受祸患，反之，则会得到奖赏富贵顺达。

所谓明鬼是指明晰鬼神。《墨子·明鬼》中通过列举古代的传闻以及古籍的有关记述，来证明鬼神的存在和灵验。并告诉人们鬼神不仅存在，而且会对人间的善恶予以赏罚。

纵观《墨子·天志》《墨子·明鬼》各篇章，墨子是在告诉人们，要敬畏上天和鬼神，遵从上天的意志、明晰鬼神的威严来实行兼爱、杜绝不义之举。我们可以从中体会，墨子的本意并不是创立宗教，而更多的是利用人们对上天和鬼神的敬畏心理使民众信服和践行他的思想主张。同时我们也能看到，书中并未对上天和鬼神作出具体的神化描述，也无任何教宗教义的影子，可见这与宗教是相去甚远的。

第六节　非命

针对儒家的“知命”（尽人事知天命）思想，墨子提出了非命。所谓非命，就是不要过于相信命运，而是要相信事在人为。

墨子看来，命定论阻碍人们从事生产劳动，导致民众不作为，甚至使人放纵淫逸，必须坚决予以反对。

墨子既然提出天志，那么再提倡非命是否与之矛盾呢？笔者看来，它们是不矛盾的。其一，提倡天志是借助民众对上天的敬畏劝导实行兼爱，提倡非命是防止民众过于相信命运而不再积极作为（不作为也就包括了不实行兼爱），二者都是为推广兼爱服务的，它们的目的相同。其二，根据天志的思想，上天依据民众是否按其意愿行事而降下祸福，上天拥有着至上的权力，这也就包含着上天有改变人的命运的权力，如此也就推理出了非命的思想，即人的命运没有牢固不变的权威，人是可以通过积极作为利用“上天根据人的行为降下祸福”的规律来改变自身命运的。所以天志和非命并不矛盾，它们是和谐一致的。

第七节　附 宋钘

宋钘，又称宋子、宋牼、宋荣子，宋国宋城（今河南省商丘市）人，约生于公元前 370 年，卒于公元前 291 年。

宋钘是宋尹学派的创始人，著有《宋子》一书。《汉书·艺文志》记载《宋子》共十八篇，到隋唐时期就已全部逸失，我们只能从先秦诸子的著作中零散见到其言论。因为宋钘的主张与墨子的思想有诸多相似之处，所以自《荀子·非十二子》起很多人将他与墨子归为一派。笔者将其附于此章，以便读者对比墨子、宋钘思想的异同之处。

宋钘的主张与墨子的思想有很多相似之处。如：他所说的救民、救世，与墨子兼爱的出发点一致；他提倡的非斗（反对民众相斗）是兼爱的一项要求；他提倡的崇俭（崇尚节俭）与墨子节用、节葬的主张相仿；他提倡的禁攻寝兵（禁止攻伐停止战争）与墨子非攻的观点类似。

宋钘的主张与墨子的思想也有一些不同。其中最主要的区别是，宋钘把人之本心作为理论核心，其他主张都是以此作为根源的。墨子的非攻是源于兼爱的要求，而宋钘的禁攻寝兵本源在于人心。庄子谈论宋钘的思想时说：“请欲置之以为主。”（《庄子·天下》）就是说要把人之本心放在引领各方的位置。宋钘看来，要想让人们不争斗，首先要让他们“见侮不辱”（被人欺负而不感到耻辱）；要想阻止战争发生，首先要“人之情欲寡”（让人减少欲望）。这里的见侮不辱、人之情欲寡都是针对人心而言的。也就是说，只有心里不把受到的欺负理解为耻辱，才能消除人们之间的争斗；只有心中减少欲望，才能不再相互争夺。此外，宋钘提出“接万物以别宥为始”（《庄子·天下》），就是认为只有破除成见，才能认识事物的真相。这与笔者在第二章第五节附《管子》部分提到的“静因之道”十分相似。有学者认为，宋钘、尹文（宋尹学派的另一代表人物）是《管子》书中《心术上》《心术下》《白心》《内业》四篇文章的作者，笔者在此不作考究。

第五章
杨朱

杨朱，字子居，又称杨子，秦国（一说魏国）人，生卒年无确凿说法，但可知基本与墨子同时。

杨朱是杨朱学派的创始人，其学说在当时非常兴盛。孟子说："杨朱、墨翟之言盈天下，天下之言不归杨则归墨。"（《孟子·滕文公》）就是说杨朱和墨子的言论遍及天下，天下的思想不是属于杨朱学派就是属于墨家学派。庄子也说："儒、墨、杨、秉四。"（《庄子·徐无鬼》）就是说天下主要的思想流派只有儒家、墨家、杨朱、公孙龙四家而已。

杨朱的学说在后世没有发扬光大，而是逐渐销声匿迹，这主要有三个原因：第一，杨朱思想没有单独的书籍传世；第二，其放弃追逐功名利禄尽力满足自己所有欲望的享乐思想对于发展生产十分不利，因此其学说的传播受到后世统治者的封锁阻碍；第三，众多人士曲解杨朱本意，如孟子"杨子取为我，拔一毛而利天下，不为也"（《孟子·尽心上》）曲解了杨朱的原意，将其描绘成极为自私自利的人加以批判，致使后世学者对杨朱学说望而却步。

杨朱的思想来源于老子，这在当时就是普遍认可的观点。《庄子·应帝王》《庄子·寓言》都记载着阳子居（即杨朱）求学于老子的事迹。此外，禽滑釐（墨子的弟子）与孟孙阳（杨朱的弟子）谈论时说："以子之言问老聃、关尹，则子言当矣。以吾言问大禹、墨翟，则吾言当矣。"（《列子·杨朱》）就是说你的言论符合老子和尹喜（老子的弟子，也称尹子、关令尹喜）的思想，我的言论符合大禹和墨子的思想。由此也可看出，当时普遍认为杨朱的学说是顺应老子的思想发展而来的。

杨朱没有单独的书籍流传，其思想学说只能从《列子》《庄子》《孟子》《韩非子》《吕氏春秋》等书籍中零散见到。其中，《列子》的《杨朱》一篇记载得最为全面翔实。

第一节　为我

杨朱提倡的为我，并不是说人要仅为自己考虑，它实际上是一种互不侵犯的思想。

杨朱的为我，提倡严格自己和别人之间的界限，杜绝侵夺之心。“古之人，损一毫利天下，不与也。悉天下奉一身，不取也。”（《列子·杨朱》）就是说如果拔掉一根毫毛可以为天下人谋利，也不去做，如果把天下的财货都拿来供奉他一个人，也不去获取。“智之所贵，存我为贵。力之所贱，侵物为贱。”（《列子·杨朱》）就是说智慧之所以可贵，就在于保存自己，气力之所以低贱，就在于侵犯外物。

杨朱说：“人人不损一毫，人人不利天下，天下治矣。”（《列子·杨朱》）就是说每个人都不亏损自己，每个人都不有利于天下，那天下就得到了好的治理。我们可以体会到，为我实际上是杨朱为达到天下得到好的治理的目的而选择的一种方法。依照这一思路，如果个体的“我”都严守自己的界限，互不相侵、互不相损、互不相害，也不必刻意为天下谋利，那么盗窃、抢劫、侵夺、攻伐等种种乱象都会消失，这样天下自然而然就能治理好了。

孟子对杨朱为我的理解失之偏颇，以致认为其是自私之人，应对其加以批判，同时也认为他和墨子的思想截然相反。孟子说：“杨子取为我，拔一毛而利天下，不为也。墨子兼爱，摩顶放踵利天下，为之。”（《孟子·尽心上》）就是说杨朱提倡为我，如果拔下一根汗毛能够有利于天下，也不肯做，墨子提倡兼爱，即使磨光头顶，走破脚跟，只要对天下有利，就要去做。

实际上，杨朱的为我，严格自己和别人之间的界限，杜绝侵夺之心，也就是在劝阻越界侵夺的行为。而墨子说："国家勿夺侵凌，即语之兼爱、非攻。"（《墨子·鲁问》）就是说国家不相互攻伐侵夺，就是兼爱、非攻。可以看出，杨朱与墨子劝阻攻伐的思想是相同的，只是在表达上存在着一些差异。

关于孟子反对杨朱的原因，笔者有一种猜测：孟子反对杨朱，不是真的因为曲解了为我，而是因为反对其纵欲享乐的主张（笔者在本章第四节对此有详细介绍）。虽然孟子在指责杨朱时只提到为我，而没有涉及纵欲享乐，但笔者猜测，孟子对此是有意为之的。以孟子的能力理解杨朱思想本不应产生如此偏差，而这样做的真正原因，是孟子认为纵欲享乐思想对社会发展极为不利，所以希望用这种方法，既以杨朱极为自私的形象让后世学者远离其思想学说，也防止后世学者关注到纵欲享乐这一真正的思想矛盾点并对其深入解读研究。如果这种猜测成立，我们可以看到事实的发展也确如孟子所愿了。对此，笔者虽不禁感慨敬佩孟子的胸襟和智慧，却也对杨朱在后世没有获得伟大、智慧的名声而感到遗憾。（当然笔者的这一担忧遗憾不免有多余之嫌，因为杨朱本人对死后名声如何是并不在意的，本章第三节将对此有具体介绍。）

第二节　论生死

对于生死，杨朱有这样的见解：人不必追求长寿永生，也不必追求快速死亡，寿命的长短任其自然发展就好，关键是要在活着的时候及时享乐。

杨朱谈到，无论贤愚贵贱，死后都变成一堆尸骨而已。所以要追求今生的体验，不要花费功夫顾及死后的情况。

杨朱反对追求永生。“且久生悉为？五情所好恶，古犹今也；四体安危，古犹今也；世事苦乐，古犹今也；变易治乱，古犹今也。既见之矣，既闻之矣，百年犹厌其多，况久生之苦也乎？”（《列子・杨朱》）就是说为何要追求永生呢？人的情欲好恶、身体四肢的安危、人间杂事的苦乐、朝代的变迁治乱，古往今来都是十分相似的，经历过后，活一百年都会觉得时间太久而厌烦，为何还想要去经历永生的苦恼呢？

杨朱也反对追求快速死亡。“既生则废而任之，究其所欲以俟于死。将死则发而任之，究其所之以放于尽。无不废，无不任，何遽迟速于其间乎？”（《列子・杨朱》）就是说已经出生就要听任寿命自然发展，心里想做什么就做什么直到死亡。将要死亡了也要听任其自然发展，尸体该放到哪里就到哪里直到消失。放弃追求，听之任之，何必去考虑寿命的长短呢？

生死任由天意，我只从心而动、从性而游，这便是杨朱的自然之道。“太古之人知生之暂来，知死之暂往。故从心而动，不违自然所好，当身之娱非所去也，故不为名所劝。从性而游，不逆万物所好，死后之名非所取也，故不为刑所及。名誉先后，年命多少，非所量也。”（《列子·杨朱》）就是说远古时代的人知道生命不过是暂时来到世上，知道死亡不过是暂时的离去。因此放纵心意而行动，不违反自然的喜好，不抛弃自身的欢乐，所以不为名誉所引诱。放纵本性而游历，不背逆万物的喜好，不去追求死后的名声，所以不会遭受刑罚。名誉的大小，寿命的长短，都不是他们所在乎的。

第三节 论名声

杨朱对名声有着独到的见解。在被问及人们为何不断追求名声时，杨朱回答说，人们追求名声是用来发财、做官、获得死后丧事的荣耀以及让子孙继续获利的。但是在他看来，这些好处不一定能够得到，而追求名声时所受的损害相比起来却是十分巨大的，所以为了名声而损害实际利益是不值得的。

杨朱看来，追求名声的人一定心志困苦。“凡为名者必廉，廉斯贫；为名者必让，让斯贱。”（《列子·杨朱》）就是说凡是追求名声的人一定廉洁，廉洁就会贫穷；凡是追求名声的人一定谦让，谦让就会低贱。“伯夷非亡欲，矜清之邮，以放饿死。展季非亡情，矜贞之邮，以放寡宗。清贞之误善之若此。”（《列子·杨朱》）就是说伯夷（商末孤竹国君长子，因不食周粟最终饿死）不是没有欲望，但过于顾惜清白的名声，以至于饿死了。展季（即柳下惠，坐怀不乱故事的主人公）不是没有人情，但过于顾惜正直的名声，以至于后代稀少。他们都是被清白与正直所耽误的。

杨朱认为，人死之后的毁誉并不值得在意。“太古至于今日，年数固不可胜纪，但伏羲已来三十余万岁，贤愚、好丑、成败、是非，无不消灭，但迟速之间耳。矜一时之毁誉，以焦苦其神形，要死后数百年中余名，岂足润枯骨？何生之乐哉？”（《列子·杨朱》）就是说从太古直到今天，年数无法计算，但自伏羲以来三十多万年，贤愚、好坏、成败、对错这些所有的事情全都消失了，唯一的不同就是消失得快慢而已。顾惜一时的毁谤与赞誉，使自己的精神与形体焦灼痛苦，求得死后几百年中留下的名声，怎么能润泽枯槁的尸骨？这样活着又有什么乐趣呢？

“忠不足以安君，适足以危身；义不足以刊物，适足以害生。安上不由于忠，而忠名灭焉；利物不由于义，而义名绝焉。君臣皆安，物我兼利，古之道也。”（《列子・杨朱》）就是说忠不足够使君主安逸，恰恰能使自己遭受危险；义不足够使别人得利，恰恰能使自己受到损害。使君上安逸不来源于忠，那么忠的概念就消失了；使别人得利不来源于义，那么义的概念就断绝了。君主与臣下全都十分安逸，别人与自己都得到利益而不受损害，这才是自古以来的正道。我们可以体会，杨朱并非不忠不义之人，他不愿看到人们被忠、义这些名声所牵绊，他希望人们在追求君主安逸、他人获利的过程中，也尽可能不让自身受到损害，达到共同舒适的状态。

杨朱认为，人们不该为了追求名声而损害实际利益。“鬻子曰：‘去名者无忧。’老子曰：‘名者实之宾。’”（《列子・杨朱》）就是说鬻子说：“不要名声的人没有忧愁。”老子说：“名声是实际的宾客。”也就是说实际利益的地位和重要性是超越名声的。“但恶夫守名而累实。守名而累实，将恤危亡之不救，岂徒逸乐忧苦之间哉？”（《列子・杨朱》）就是说为了坚守名声而损害了实际利益的行为是令人厌恶的，这种行为的后果不只是在安逸快乐和忧愁苦恼之间在做选择，而是很可能会将自己陷入危亡的境地。

第四节　享乐

对生死、名声有了如此见解之后，杨朱便建立了一套人生观念，就是要在有生之年及时合理享乐。

在记载杨朱言论的古籍中，有很多篇幅都是杨朱劝导人们在有生之年及时享乐。

杨朱借管仲和晏婴的对话讲述了自己的养生（滋养生命）之道。“肆之而已，勿壅勿阏。”（《列子·杨朱》）就是说放纵罢了，要满足欲望。“恣耳之所欲听，恣目之所欲视，恣鼻之所欲向，恣口之所欲言，恣体之所欲安，恣意之所欲行。”（《列子·杨朱》）就是说要完全满足身体、意念各个方面的欲望。杨朱看来，如果哪一方面未得到满足，就是欲望受到了阻塞抑制，而这种阻塞抑制欲望实际是在残毁自己。“凡此诸阏，废虐之主。去废虐之主，熙熙然以俟死，一日、一月、一年、十年，吾所谓养。拘此废虐之主，录而不舍，戚戚然以至久生，百年、千年、万年，非吾所谓养。”（《列子·杨朱》）就是说凡此种种阻塞，都是残毁自己的根源。清除残毁自己的根源，放纵情欲一直到死，即使只有一天、一月、一年、十年，也是滋养生命。留住残毁自己的根源，检束而不放弃，忧惧烦恼一直到老，即使有一百年、一千年、一万年，也并非在滋养生命。

杨朱通过计算人活着的时间来劝导人们及时享乐。他以活到一百岁的人举例，除去幼年老年、晚上睡觉、白天休息以及痛苦疾病、忧愁失意的时间，大概只剩下十多年，而真正舒适自得没有丝毫顾虑的时间在这十多年中也不足一半，所以应该倍加珍惜时光，及时享乐。

“则人之生也奚为哉？奚乐哉？为美厚尔，为声色尔。而美厚复不可常厌足，声色不可常玩闻。乃复为刑赏之所禁劝，名法之所进退；遑遑尔竞一时之虚誉，规死后之余荣；偶偶尔顺耳目之观听，惜身意之是非。徒失当年之至乐，不能自肆于一时。重囚累梏，何以异哉？”（《列子·杨朱》）就是说人的一生为了什么呢？乐趣在哪呢？实际是为了锦衣美食和歌舞女色，然而这些都不能常常得到满足。而人们又要受到刑罚、奖赏的禁止和劝导，受到名分礼法的束缚；匆忙地竞争一时的虚名，谋求死后的荣耀；审慎观察周围的一切，注重思想行动的是非。像这样白白丢失了有生之年最大的快乐，不能放纵自己的身心，这和关进牢狱的囚犯有什么区别呢？

杨朱讲述了郑国宰相子产与其嗜好酒色的哥哥公孙朝、弟弟公孙穆的对话。子产劝他们不要沉溺于酒色嗜欲，他的哥哥和弟弟回答说：“凡生之难遇而死之易及，以难遇之生，俟易及之死，可孰念哉？而欲尊礼义以夸人，矫情性以招名，吾以此为弗若死矣。为欲尽一生之欢，穷当年之乐，唯患腹溢而不得恣口之饮，力惫而不得肆情于色，不遑忧名声之丑，性命之危也。且若以治国之能夸物，欲以说辞乱我之心，荣禄喜我之意，不亦鄙而可怜哉！我又欲与若别之。夫善治外者，物未必治，而身交苦；善治内者，物未必乱，而性交逸。以若之治外，其法可暂行于一国，未合于人心；以我之治内，可推之于天下，君臣之道息矣。”（《列子·杨朱》）就是说生存很难而死亡很容易，用难以得到的生命来等待容易到来的死亡，有什么可牵挂于心的呢？如果想借遵守礼义被人夸耀，委屈自己的性情获得好名声，我们认为这样做人还不如死了。人活着就要享尽一生的欢娱，穷极当年的快乐，只怕肚子太饱而不能够开怀痛饮，精力衰惫而不能够纵欲于美色，根本没有时间去担忧名声的丑恶、性命的危险（子产劝他们时说沉溺酒色会危及性命，所以才有这句回答）。而你却向人炫耀治国的才能，想凭劝说之辞来扰乱我们的心性，用荣华利禄来诱惑我们的意志，岂不是太浅薄又太可怜了吗！我们再和你把这个道理辨别一下。善于治理外物的人，外物不一定能够治好，而自己的身心一定受苦；善于治理内心的，外物不一定混乱，而自己的性情却能够安逸。你治理外物的方法虽可暂时在一国推行，但并不符合人们的本心；我们治理内心的方法，却可以在普天之下推行，君臣之道可以停止了。这一对话的结果是子产无言以对，并被他的朋友感慨相比起来其实公孙朝、公孙穆才是真正的智慧之人。

杨朱把美名流传的舜、禹、周公、孔子和恶名流传的夏桀、商纣做了对比。舜、禹、周公、孔子在生前困苦、劳碌、惊慌、忧愁，在活着的时候没有享受一天的欢乐，死后得到流传万代的美名。夏桀、商纣肆意放纵情欲直到被杀，在活着的时候尽享放纵欲望的欢乐，死后被扣以愚顽暴虐的恶名。四位圣人虽然得到了美名，但辛辛苦苦直到死亡，两个恶人虽然都得到了恶名，但高高兴兴直到死亡，最终的结果是都归于死亡了，然而人死之后就像树桩、土块一样无论被称赞还是被辱骂都已经感受不到了，所以相比起来反而是那两个流传恶名的人活得更加快乐潇洒。

杨朱有如此多劝导人们及时享乐的言论，是因为他看到世人过多地宣扬追求仁、义等名声，即使损害自身利益也在所不惜，于是他便从相反方向，把自己的宣传重心放在了防止为了外物损害自身利益（按杨朱的思路，克制欲望也属于损害自身利益）上面，以此来纠正偏差，最终希望达到平衡外物和自身利益的状态，也就是为我所宣扬的严格自己和别人之间的界限，互不侵夺干扰的状态。

杨朱提倡的及时享乐是控制在合理的区间内的，而不是贪婪无度。“丰屋、美服、厚味、姣色，有此四者，何求于外？有此而求外者，无厌之性。无厌之性，阴阳之蠹也。”（《列子·杨朱》）就是说高大的房屋、华丽的衣服、甘美的食物、漂亮的女子，有了这四样，又何必再追求另外的东西？如果有了这些还要另外追求，那么其本性就是贪得无厌的。贪得无厌，是阴阳之气的蛀虫。此外，本章第一节“为我”部分提到的“悉天下奉一身，不取也”（《列子·杨朱》），就是说如果把天下的财货都拿来供奉他一个人，也不去获取。这也体现着享乐时不可贪婪无度的观点。

杨朱的学说虽因提倡享乐而被束之高阁，但我们研究起来也能够从中受益，比如可以得到“人生一世，要在一个合理的范围内尽可能快乐地生活”等启示。

第六章

商君

商君，又称商鞅、卫鞅、公孙鞅，战国时期卫国（今河南省安阳市内黄县）人，约生于公元前395年，卒于公元前338年。他是法家的前期代表人物。

商君因“商鞅变法”而被我们所熟知。他年少时就喜好循名责实、慎赏明罚的刑名之学，在秦国受到重用后，积极推行变法。商君改革了秦国户籍、军功爵位、土地制度、行政区划、税收、度量衡以及民风民俗，用设置新的赏罚制度来鼓励农民精心耕作、士兵勇猛战斗。依靠这些最终使秦国逐渐强大，称霸诸侯。秦孝公死后，被商君损害到利益的人们一起诉告商君谋反，于是秦国国君杀死了他。

太史公司马迁在《史记》中写有《商君列传》，称商君天资刻薄，在秦国获得恶名是有其原因的。但是我们可以体会，当国家百业废弛之时，商君的主张是确实能够帮助国家迅速强盛起来的。

商君的生平事迹在《史记·商君列传》中有着较为详细的记载，而研究其思想主张，则应主要依据《商君书》。《商君书》也称《商君》《商子》，是商君及其后学的著作汇编。《汉书·艺文志》著录《商君》共二十九篇，现在仅存有二十四篇，已逸失五篇。

第一节　农战

商君能够使秦国强盛，其首要原因就是提倡农战。所谓农战就是致力于发展农业和军事。

商君为什么提出如此主张呢？在他看来，农业是国家富裕的基础，军事是国家的保障，二者是治理国家最应重视的两个方面。“有土者不可以言贫，有民者不可以言弱。地诚任，不患无财；民诚用，不畏强暴。”（《商君书·错法》）就是说占有土地就不能说自己贫穷，拥有民众就不能说自己弱小。土地被正确使用就不愁没有财富，民众被正确役使就不会惧怕强暴的敌人。“夫地大而不垦者，与无地同；民众而不用者，与无民同。”（《商君书·算地》）就是说土地广大却不去开垦，就和没有土地一样；拥有民众而不正确役使，就和没有民众一样。所以在商君看来，土地和民众是国家富强的基础，只要合理统治就必然能够使国家富强。

商君对提倡“农”和“战”的原因还分别做了解释。

“圣人知治国之要，故令民归心于农。归心于农，则民朴而可正也。”（《商君书·农战》）就是说圣人知道治国的关键，所以让民众致力于农业生产，这样民众淳朴并且顺从统治。“明君修政作壹。去无用，止浮学事淫之民壹之农。然后国家可富，而民力可抟也。”（《商君书·农战》）就是说英明的君主治理国家会把民力聚集在重要的地方，禁止民众从事虚浮的行当，让他们专心于农耕，这样国家就能富裕，民众的力量也可以集中了。“夫民之亲上死制也，以其旦暮从事于农。夫民之不可用也，见言谈游士事君之可以尊身也、商贾之可以富家也、技艺之足以餬口也。民见此三者之便且利也，则必避农。避农，则民轻其居，轻其居则必不为上守战也。”（《商君书·农战》）就是说民众只有专心从事农作，才会同君主亲近，并能够听从命令不畏惧死亡。而如果民众不能被使用，那就是因为他们看到了在国君身边靠空谈游说能得到尊贵的地位，从事商业可以发财致富，从事手工业能够养家糊口。民众看到这三种行业方便且利益丰厚，就会逃避农耕，这样一来，就会轻视自己的居住地（因为耕地都在居住地附近且无法转移，所以农民都不愿迁移至别处），也就不会为国君守土作战了。

商君看来，大力发展农业既可以让国家富足，也能让民众淳朴从而利于统治。（我们可以从中体会到商君是认同愚民政策的，即让民众减少获取知识能够有利于维护统治。）

至此，我们看到了提倡“农”的意义。那么商君为何提倡“战”呢？

“国强而不战，毒输于内，礼乐虱官生，必削；国遂战，毒输于敌，国无礼乐虱官，必强。”（《商君书·去强》）就是说国强而不去战争，毒素灌输于国内，礼乐虱害就产生了，这样的话国力必会削弱；国家进行战争，毒素输于敌国，国内没有礼乐虱害，这样的话国力一定强盛。“能生不能杀，曰自攻之国，必削；能生能杀，曰攻敌之国，必强。”（《商君书·去强》）就是说能积蓄实力却不能使用实力的国家属于自己攻打自己的国家，这样的国家一定会削弱；能积蓄实力也能使用实力的国家属于攻打敌国的国家，这样的国家一定强大。“夫圣人之治国也，能抟力，能杀力。”（《商君书·壹言》）就是说圣明的君主治理国家，能集聚民众的力量，也能消耗民众的力量。

也就是说，商君看来，随着国家的强大，其内部会出现滋生内乱的精力，这种精力必须得到发泄和消耗，否则会在国家自身内部酿成祸害，而战争可以消耗掉这种精力，所以战争在一定程度上是有利于维护国家内部安定的。这便是他提倡“战”的原因所在。

第二节 弱民

所谓弱民就是减少民众获得的利益。在商君看来，国家的强弱和民众获得利益的多少是此消彼长的关系，所以为了让国家强大，很重要的一点就是让民众减少获利。

商君给出了提倡弱民的理由。“故民之所乐民强，民强而强之，兵重弱。民之所乐民强，民强而弱之，兵重强。”（《商君书·弱民》）就是说民众喜欢自身力量强势，如果民众强势，而政策又继续加强他们，那么兵力就弱而又弱了（这是因为民众富足尊贵便不再会舍命战斗）。如果民众强势，而政策使他们转弱，那么兵力就强而又强了（这是因为民众处于贫贱时，因趋利避害的本性，为了获得富贵必将英勇战斗）。“民，辱则贵爵，弱则尊官，贫则重赏，是以以刑治民则乐用，以赏战民则轻死，故战事兵用则国强。民有私荣则贱列，强则卑官，富则轻赏，是以以刑治民则羞辱，以赏战民则畏死，故兵农怠而国弱。”（《商君书·弱民》）就是说民众耻辱就会崇尚爵位，卑弱就会尊敬官吏，贫穷就会重视赏赐，此时用法律治理民众他们就愿意接纳，论战功行赏民众就能轻视死亡，这样在战争中士兵勇猛，国家就强大。与之相对的，如果民众有自己价值观认可的荣耀就会轻视官爵，如果富足就会轻视奖赏，此时用法律治理民众他们会感到受到羞辱，论战功行赏民众依然会畏惧死亡，这样军事和农业懈怠，国家也就衰弱了。也就是说，在商君看来，只有让民众减少获利、卑贱贫穷、对生活不满，才能迫使其为了改变生活状态愿意付出努力，从而精心耕作、勇猛战斗，这样国家才能够强大。

弱民，对于国家和统治者而言是很有实效的，能够迅速让国家统治有力、国库富足、军队强悍。但是对于大多数民众而言，这种治国思路是不公平甚至是严苛残忍的，它让民众终生辛勤劳苦却又很难享受到成果，不免有过于压榨百姓之嫌。

在历史事实中我们可以体会，弱民思想确实是秦国迅速崛起并统一天下的重要原因，但是秦国建立统一王朝后，依然实行的繁苛赋税让民众积攒的怨气聚集，最终导致民众起来反抗并推翻了秦朝，这在很大程度上也是弱民思想所带来的弊端。

第三节　更法

所谓更法就是变更法令（并非现在所指的具体法律条文，而是指礼制法度，也统指德治、法治等治国方略），上文中讲到的农战和弱民，都是商君在变更法令时提出的新的治国思路。商君推行变法时，其主张招致了秦国世族名臣甘龙、杜挚等多人的反对，秦孝公也无法下定决心，但商君深刻明晰古今适宜和德刑的使用，不因众人的反对而改变，最终成功劝说秦孝公采用了他的主张，使秦国迅速强盛了起来。

商君看来，法令是可以改变并且是必须改变的。“是以圣人苟可以强国，不法其故；苟可以利民，不循其礼。”（《商君书·更法》）就是说所以圣明的人治理国家，如果能够使国家富强，就不必去沿用旧有的法度；如果能够使百姓获益，就不必去遵循旧的礼制。对于这种观点，商君主要给出了三条理由。

其一，随着社会发展，原有的法令已不再适用，需要作出改变。“古之民朴以厚，今之民巧以伪。故效于古者，先德而治；效于今者，前刑而法。”（《商君书·开塞》）就是说古代的民众淳朴又宽厚，现在的民众虚浮不实，德治适用于以前的时代，而法治对此时更为适用。“然则上世亲亲而爱私，中世上贤而说仁，下世贵贵而尊官。上贤者以道相出也，而立君者使贤无用也。亲亲者以私为道也，而中正者使私无行也。此三者非事相反也，民道弊而所重易也，世事变而行道异也。”（《商君书·开塞》）就是说远古时代人们爱护亲人、看重私利，中古时代人们推崇贤人、提倡仁爱，近世人们推崇权贵、尊重官吏。崇尚贤德就举荐贤才，可是有了君主就使才能没那么重要了（在古代，君主的认可与否在一定程度上比是否有才能更为重要）。亲近亲人就重视自我，而奉行公正之道就使自我的思想行不通了。这三个不同时代，并非事理互相违背，而是人们重视的东西变了，统治者的治理思路也就随之发生改变了。

其二，即使想要遵循旧法，可是不同时期的法令也是并不相同的。“前世不同教，何古之法？帝王不相复，何礼之循？伏羲神农教而不诛，黄帝尧舜诛而不怒，及至文武，各当时而立法，因事而制礼。”（《商君书·更法》）就是说以前的朝代法度礼制各不相同，应该去效法哪个朝代呢？伏羲、神农教化不施行诛杀，黄帝、尧、舜虽然实行诛杀但却不过分，等到了周文王和周武王的时代，也是各自顺应当时形势而建立了与之相适宜的礼法。我们看到，此时想要遵循旧法，也出现了新的问题，就是以哪个朝代的法令为标准呢？

其三，是否遵循旧法并不是朝代更迭和国家兴亡的主要原因。“治世不一道，便国不必法古。汤武之王也，不循古而兴；殷夏之灭也，不易礼而亡。然则反古者未可必非，循礼者未足多是也。”（《商君书·更法》）就是说治理国家不一定只用一种方式，只要对国家有利即可，并非一定要效法古代。商汤王、周武王并未遵循旧法却能够称王于天下，殷朝和夏朝没有变更法令却也灭亡了。这说明更法未必就是错误的，而遵循旧法未必就是正确的。

成功劝说秦孝公决心更法之后，商君解释了他深知新法令严苛赋税和残酷刑罚会使民众有反感情绪，但仍然需要坚持实行这样政策的理由。“立民之所乐，则民伤其所恶；立民之所恶，则民安其所乐。何以知其然也？夫民忧则思，思则出度；乐则淫，淫则生佚。

故以刑治则民威，民威则无奸，无奸则民安其所乐。以义教则民纵，民纵则乱，乱则民伤其所恶。”（《商君书·开塞》）就是说顺从民众喜好，他们就会因仅存的厌恶的东西而烦躁；实行民众厌恶的，他们就会因为还存有喜好的事情而快乐。为什么是这样呢？民众忧虑就思考，思考了做事才能合乎法度；相反的，民众高兴就放荡，放荡了就会安逸懒惰。因此，用刑罚治理民众他们就会心有畏惧，也就不敢犯罪，而犯罪被消除了民众自然能够安心享受快乐了；相反的，用道义教化民众他们就会放纵（因为没有严酷刑罚的约束），这样社会就混乱，民众就会被他们所讨厌的事物伤害。“夫正民者，以其所恶，必终其所好；以其所好，必败其所恶。”（《商君书·开塞》）就是说想要将民众归于正道的统治者，如果用民众所讨厌的方式去治理，最终才能达到民众期待的状态；如果用民众所喜欢的方式去治理，最终反而会使民众受害于他们所厌恶的事物。

可以看到，商君提出了与当时世人并不相同的治国思路。儒家学派认为“所欲与之聚之，所恶勿施”（《孟子·离娄上》），就是说要顺从民众的欲望，不要违背他们的意愿。这看起来和商君的主张是正好相反的，实际上只是在追求同一个最终目标时选择了不同的途径罢了。对于民众的喜恶，如果换一个角度来思考的话，其实是很难说清的，既有暂时的喜恶，也有发自内心长久的喜恶。贪慕暂时快乐，对遵守法律的不便感到困苦，这种喜恶是属于前者的；期待安宁，渴望消除混乱，这种喜恶是属于后者的。而商君的思路，其实是在以民众短暂厌恶的方式，来防止民众更加厌恶且危害更为严重的事物滋生，以此达到统治者和民众共同期待的理想状态。

笔者看来，商君在一定程度上是将《易经》中物极必反的原理运用到了治理国家方面。他解释了如果让民众全都从心所欲就会出现极为不利的状态，这也就是泰极否来、物极必反。而将民众维持在受到一定限制的状态（即第一章第二节提到的“花未全开月未圆”的状态），反而会使他们能够长期稳定，保持较为理想的社会状态，避免更大灾祸对民众造成伤害。由此可见，商君对物极必反的理解和运用是十分深刻和熟练的，也印证了《易经》的思想在春秋战国时期对士人的影响是极深的。

研读秦国崛起直到秦朝覆灭的历史，我们看到，商君虽然在秦孝公死后很快被杀，但是他的治国思路却被秦国继任统治者继续运用，可以说在一段时期内世事是顺应商君的思路进行发展的，秦国通过更法迅速强盛起来并逐步吞并各诸侯国统一了天下。但是时间推移，万物变化，将严厉刑罚控制在最佳平衡点越发困难，刑罚最终超出了合理区间，导致民怨沸腾最终秦朝灭亡。大秦（秦国和秦朝）统治者本想用刑罚帮助民众长久安定，却因超出限度而得到如此结果，这也是物极必反的一个表现吧。

第七章
孟子

孟子，名轲，战国时期邹国（今山东省邹城市）人，生于周烈王四年，卒于周赧王二十六年（据清代狄子奇《孟子编年》记载），即生活在公元前372年至前289年。他是儒家学派的代表人物之一。

普遍认为，孟子是子思（孔子的孙子）弟子的学生。孟子也自称希望学习孔子，其思想主张也都是顺随孔子思想的。孟子所处的时代，杨朱学派和墨家学派的思想言论十分兴盛。孟子说："杨朱墨翟之言盈天下，天下之言不归杨则归墨。"（《孟子·滕文公下》）就是说杨朱、墨子的言论遍及天下，天下的言论不是属于杨朱学派就是属于墨家学派。但是孟子继承着孔子的思想，起而反对他们，"杨墨之道不息，孔子之道不著，孔子之道不著，是邪说诬民，充塞仁义也。"（《孟子·滕文公下》）就是说如果杨朱、墨子的学说不停止，那么孔子的学说就不能光大，这会使邪说蒙骗民众，堵塞仁义。

孟子也曾像孔子一样前往多个诸侯国推介自己的治国思想，但是并没有被采用。

孟子的历史地位在唐宋以前并不是很高，直到唐代韩昌黎（韩愈）在所著的《原道》中称"孔子传之孟轲，轲之死，不得其传焉"（就是说孔子的思想传给了孟子，孟子去世以后，就再没有继承的人了），把孟子看作是唯一继承了孔子思想核心的人，并评价说想要学习圣人之道，一定要从孟子开始。（据《昌黎集·送王埙秀才序》）至此，孟子的地位才开始上升，逐渐受到了后世越来越高的赞誉，宋朝元丰六年（公元1083年），孟子首次被追封为"邹国公"，翌年配享孔庙。元朝至顺元年（公元1330年），孟子被加封为"亚圣公"，自此以后就被尊为亚圣，在儒家学派的地位仅次于孔子。

孟子的思想言论保存在《孟子》一书中。《孟子》由孟子及其弟子共同编写完成，它是古代科举考试的重要内容。《孟子》一书的地位也和孟子本人一起经历了同样的变化。《汉书·艺文志》仅把《孟子》放在诸子略中，视为子书，未得到经书的地位。到五代十国时，后蜀主孟昶下令将十一经书写刻石，其中包括了《孟子》，这大概是其列入经书的开始。到南宋时，《孟子》与《论语》《大学》《中庸》一起被朱熹合称为“四书”，成为了我们熟知的“四书五经”中的“四书”之一，并被列入了“十三经”之中，至此，《孟子》的地位才达到了高峰。《汉书·艺文志》著录《孟子》有十一篇，至今仅存七篇十四卷，传说明太祖朱元璋因不满孟子的一些言论，曾命人删节过《孟子》书中的部分内容，笔者在此不作考究。《孟子》书中记载着孟子的主要言论，体现着其各方面的思想主张，他关于本性、仁、义等方面的言论内容丰富，唐宋以来的儒家没有能超出其外的。研究孟子，多以此书为据。

第一节 性善

这里所谓的性，指的是人的先天本性。孟子所谓的性善就是说人与生俱来的天性是善良的。

在孟子之前，也有一些谈论本性的言论。孔子说："性相近也。"（《论语·阳货》）就是说人的本性是相近的。但孔子没有说相近的本性是什么。《诗经》中的《大雅·烝民》（作者为尹吉甫，生于公元前852年，卒于公元前775年）说："天生烝民，有物有则。民之秉彝，好是懿德。"就是说上天生下这些人，有着外在形体和内在法则。人的常性与生俱来，都有着追求善美的德性。由此可见在孟子之前就有着谈论人的本性的言论，孟子所做的是在这些基础上提出了天性本善的观点。

与孟子同时的告子（告子的事迹无法考证，可能做过墨子的徒弟，略比孟子年长）曾和孟子讨论过性是否善这一问题，《孟子·告子上》中对此有着记载。

首先告子论述了他的观点。"性，犹杞柳也，义，犹桮棬也，以人性为仁义，犹以杞柳为桮棬。"（《孟子·告子上》）就是说性就像枝条一样，义就像由枝条加工制成的器物一样，把性定性为仁义，就像把枝条当成已经制作加工好的器物一样。这也就是说性本身是天然的、没有善恶属性的，而仁义善恶这些都是后天把性加工打造才产生出差别的。"性，犹湍水也。决诸东方，则东流；决诸西方，则西流。人性之无分于善不善也，犹水之无分于东西也。"

（《孟子·告子上》）就是说性就像流动的水一样，将哪个方向以外全部堵住，它就向此方向流动。人的先天本性不分善和不善，就好像水不分流向一样。我们顺着这一思路就能继续理解到，后天的打磨就像是在堵塞和疏通河道，决定着人的本性向哪个方向发展。“生之谓性。食色，性也。”（《孟子·告子上》）就是说与生俱来的就叫天性，食欲和性欲都同为人的天性。我们可以理解，与生俱来的食欲和性欲本身是没有善恶之分的，只有当它有了具体情况我们将其套入道德标准才能区分善恶。这也说明着性本身并没有善与不善之分。综合告子的言论，他认为，人的天性是不区分善与不善的，所谓善与不善都是受后天因素影响出来的本性的走向。

孟子对告子的言论进行了反驳。“水信无分于东西，无分于上下乎？人性之善也，犹水之就下也。人无有不善，水无有不下。”（《孟子·告子上》）就是说水确实可能向东流也可能向西流，但是其向下流的本性是不变的。人的天性善良，就像水会向下流一样，人没有不善良的，就像水没有不向下流的一样。这里，孟子将性善当作是人天生带来的一种属性。“乃若其情，则可以为善矣，乃所谓善也，若夫为不善，非才之罪也。”（《孟子·告子上》）就是说从天生的性情来说，都可以使之善良，这就是我说人性本善的意思，至于说有些人不善良，那不能归罪于天生的资质。这也就是说，上天赋予了每个刚出生的人善良的天性，至于有人不善，那是因为这些人被后天特定因素影响和改变了。

综合来看，孟子和告子意见不同的地方在于孟子认为天性本善，告子认为天性无所谓善恶。而他们相同的地方是都认为人无论天性如何都会受后天因素影响而向不同的方向发展。

在这段对话中，孟子和告子均只说出了自己的观点，却未说清各自主张的缘由。那么孟子是如何来证明性善的呢？

孟子提出了“人皆有不忍人之心”（《孟子·公孙丑上》），就是说每个人都有不忍心伤害别人的心性。也可以粗略理解为怜悯体恤别人的心性。（法国哲学家卢梭也提出过类似观点，其在《论人类不平等的起源和基础》中指出，人具有天生的同情心和怜悯心，它使得我们对他人的痛苦感同身受，同时也使我们能够“克制个人身上强烈的自爱情绪，促进全人类的互相保护”。）孟子以这种每个人普遍的心理来证明性善观点是正确的。他举例说，人们突然发现有小孩即将掉入井中，必然就会产生惊惧同情的心理，产生这种心理的原因不是因为想和小孩的父母拉近关系，也不是想在乡邻朋友中博取声誉，更不是因为厌恶这个孩子的哭叫声，而就是发自内心的一种反应。孟子看来，这也就说明了，每个人都有恻隐之心、羞恶之心、辞让之心、是非之心，而这四种心性，正是仁义礼智的四个始端（源头）。这四种心性就像四肢一样是每个人都有的，也就说明了“人皆有不忍人之心”，从而证明人的天性是善的。（据《孟子·公孙丑上》）

此外，孟子还通过“良能”“良知”来证明人天生就是仁义的（仁义是善的一种表现形式）。他举例说：“人之所不学而能者，其良能也；所不虑而知者，其良知也。孩提之童，无不知爱其亲者；及其长也，无不知敬其兄也。亲亲，仁也；敬长，义也。无他，达之天下也。”（《孟子·尽心上》）就是说人不经学习就能做的，那是良能；不经思考就能知道的，那是良知。年幼的孩子，没有不知道亲爱父母的；长大以后，没有不知道尊敬兄长的。亲爱父母是仁；尊敬兄长是义。没有其他原因，只因为这两种品德是通行天下的。

对于孟子所举的例子，在笔者看来并不能充分证明其性善的观点。其一，现代的进化论讲人类从猿进化而来，人类表现出的很多欲望和行为其实都是动物本性使然。帮助同类、和同类团结起来避免灾祸危险，这是人类与生俱来帮助种群延续的动物本能，所以第一个例子中人们虽有普遍的心理但这与性善与否无关。其二，在第二个例子中孟子说年幼的孩子亲爱父母是仁的表现，他在另一处提到“无恻隐之心，非人也……恻隐之心，仁之端也”（《孟子·公孙丑上》），而实际上儿童亲爱父母这也是动物本性，“非人也”的动物也有此本性，并非是“仁”的作用，这也就与性善与否没有关联了。其三，针对第二个例子，倘若尊敬兄长的义是人的天性，那么为何还需要“及其长也”（等到他长大）呢？应该在他刚下生就能够尊敬兄长吧。

研究完孟子论证性善的理由，我们再来思考孟子为何要提出和宣扬性善呢？

笔者猜测，性善这一主张很大可能并不是孟子真正的观点，孟子想做的只是把性善当作仁义礼智的具有说服力的起源——仁义礼智是上天赋予每个人的天性。以此借用人们敬畏上天的思想使民众相信仁义礼智是天性，应该尽力保持。而实际上，究竟这些是不是天性其实并不重要，只要人主观去向这个方向发展，那么必然就会向这个方向不断靠近，这也正是孟子所希望达到的效果。

第二节 扩充

所谓扩充即扩大充实。孟子扩充的学说是继续其性善的观点而来的。上一节曾提到，孟子认为，每个人都有恻隐之心、羞恶之心、辞让之心、是非之心，而这四种心性，正是仁义礼智的四个始端（源头），也称作仁义礼智的“四端”。本节我们继续从他的这一观点来谈起。

孟子说：“凡有四端于我者，知皆扩而充之矣。若火之始然，泉之始达。苟能充之，足以保四海；苟不充之，不足以事父母。”（《孟子·公孙丑上》）就是说凡是有这“四端”的人（孟子认为每个人都有“四端”，所以此处是代指所有人的一种说教式提法），都懂得要扩大充实它们。就像火刚刚开始燃烧，泉水刚刚涌出一样（此处寓意“四端”虽是始端，但其经扩充后将能量巨大）。如果能扩充它们，就足以安定天下；如果不扩充它们，那就连侍奉父母都做不到。这也就是说，孟子认为，每个人都必须要扩大充实恻隐之心、羞恶之心、辞让之心、是非之心这“四端”，使其充分发挥能量和作用。

孟子为何提出每个人都必须要扩充“四端”呢？上文中他的话已经表明了两个原因，即“四端”中蕴含着巨大能量，扩充“四端”是一个人最基本的道德要求。而除此之外，孟子还给出了两个理由。

其一，“四端”作为性善的体现，极易被外物所遮蔽或受外物影响而消失，因此必须通过扩充来将其保存并加以发扬。孟子举了一个例子：仁义之心就像牛山上茂盛的植被，倘若每天不断受到人们的砍伐和牛羊的啃食，那么这座山上的植被终会消失，山也即变成光秃秃的样子。（据《孟子·告子上》）在此例中，即使原本茂盛的植被也经不起不断地砍伐和牛羊啃食，更何况"四端"仅是仁义礼智的始端，倘若什么都不做，就必然无法阻止外物对其侵蚀最终致其消失，因此人们对于"四端"应该做出保护行动。"故苟得其养，无物不长；苟失其养，无物不消。"（《孟子·告子上》）就是说假如得到滋养，没有什么东西不生长；假如失去滋养，没有什么东西不消亡。这句话推广到"四端"上也是符合的，所以扩充是必要的。

其二，扩充"四端"是在奉行天命。"尽其心者，知其性也。知其性，则知天矣。存其心，养其性，所以事天也。夭寿不贰，修身以俟之，所以立命也。"（《孟子·尽心上》）就是说穷尽内心才能知晓本性，知晓本性就能感悟天命。应该以保存本心、养护本性作为遵从上天的态度和方法。不论寿命是长是短都不对此作出改变，修身养性静静等待，这就是奉行天命的方法。根据孟子的思路，我们可以理解扩充"四端"实际上就是保存本心、养护本性（即"存其心，养其性"）的过程，也即是在奉行天命。

至此，我们了解了孟子提出必须要将"四端"进行扩充的原因。那么应该如何来进行扩充呢？

孟子说："人皆有所不忍，达之于其所忍，仁也；人皆有所不为，达之于其所为，义也。人能充无欲害人之心，而仁不可胜用也；人能充无穿逾之心，而义不可胜用也；人能充无受尔汝之实，无所往而不为义也。"（《孟子·尽心下》）就是说每个人都有不忍心加害的人（此处的"忍"应翻译为"忍心加害"，在《韩非子·内储说下》《后汉书·荀爽传》等文章中都有此用法），把这种心理推及到他忍心加害的人上面（即停止加害之心），这样就做到了仁；每个人都有不肯做的事（此处指坏事），把这种心理推广到他想做的事（指盗窃等坏事）上面，这样就做到了义。一个人能把不想害人的心理扩展开去，仁就用不尽了；一个人能把不愿做盗窃等坏事的心理扩展开去，义就用不尽了；一个人能把不愿受人轻蔑的心理扩展开去，那么无论到哪里，言行都是符合道义的了。

在这里，孟子说明的扩充的方法，就是把“四端”这种善良的心理顺推到想要做的不符合道义的行为上，并使其停止，这样就做到了扩大善念，倘若能将这种善念扩充到生活的方方面面，那便是最大程度地扩充“四端”了。

至于“老吾老以及人之老；幼吾幼以及人之幼”（《孟子·梁惠王上》）以及“仁者以其所爱，及其所不爱。不仁者以其所不爱，及其所爱”（《孟子·尽心下》）等言论，在笔者看来，这些是孟子继承孔子“忠恕”思想的体现，谈论的更多是推己及人而不是扩大充实自身善念，因此不在本节研究范围之内，笔者对此不作赘述。

第三节　知言养气

知言养气是孟子自认为较别人而言更为擅长的两个方面，我们把它们拿出来专门研究，相信也能获得一些启发。

所谓知言，就是识别各种言论。

孟子说："诐辞知其所蔽，淫辞知其所陷，邪辞知其所离，遁辞知其所穷。生于其心，害于其政；发于其政，害于其事。"（《孟子·公孙丑上》）就是说片面的言语知道它的蒙蔽之处；过分的言语知道它的沉溺之处；歪曲的言语知道它的背离之处；躲闪的言语知道它的理穷之处。这些言语从心里产生，会危害政事；从政事上表现，会危害各种事业。这也就是说，所谓知言，就是能够发现别人言语中的漏洞和偏颇，这些漏洞和偏颇中透露着局限或歪曲的思想，而思想又有指导行为的作用，因此从起源和结果上看，这样的言语会导致有害的行为，危害政事和各种事业。

对于积累了一定阅历的人来说，在一定程度上达到知言并不是一件困难的事情。相比来说，理解和实践养气则要困难很多。

所谓养气，就是培养浩然之气。

那么什么是浩然之气呢？孟子说："难言也。其为气也，至大至刚，以直养而无害，则塞于天地之间。其为气也，配义与道；无是，馁也。是集义所生者，非义袭而取之也。行有不慊于心，则馁矣。我故曰，告子未尝知义，以其外之也。必有事焉，而勿正，心勿忘，勿助长也。"（《孟子·公孙丑上》）就是说这难以说得清楚。它作为一种气，最为浩大最为刚强，用正直去滋养它而不加以损害，它就会充满天地之间。它作为一种气，必须要与“义”和“道”相辅助配合，否则就会萎缩不足。它是长期集聚仁义才能产生的，而不是偶尔的仁义行为就能获取的。如果自己的行为有不能心安理得之处，那么浩然之气就会萎缩不足。所以我说，告子不曾懂得义，因为他把义当作外在的东西。一定要培养浩然之气，但也不要刻意使其中正，心中不要忘记它，但也不要揠苗助长。

我们大概可以理解，浩然之气是一种浩大刚强的主观精神，也可以大致理解为心中的正气或底气。自身行为长期符合仁义的要求才能慢慢使这种主观精神产生和壮大。在培养浩然之气时要注意三点：第一，只靠偶尔的仁义之举是不能培养滋润它的；第二，做不义之事会对它造成损害；第三，刻意地培养不但对其没有益处反而会造成损害。

坚持培养浩然之气能达到什么效果呢？孟子说：“富贵不能淫，贫贱不能移，威武不能屈，此之谓大丈夫。”（《孟子·滕文公下》）就是说富贵不迷乱思想，贫贱不改变操守，受到强权威胁不屈服意志，这叫作大丈夫。当人们培养了浩然之气后，就能感受到存于心胸之中的这股正气，它会给人以强大的精神力量，使人们在面对诱惑、困境、威胁等任何情况时，都能做出符合仁义的判断，并毫不畏惧地去依此行事，这也就达到了孟子所说的“大丈夫”的状态。

孟子培养浩然之气的言论，引导和鼓励了后世众多的仁人志士，为他们不畏强暴、坚持正义提供了强大的精神力量。纵使他们中很多人为此作出了巨大牺牲，但笔者相信，对他们而言，为自己心中坚守的信念作出牺牲，也对保持社会整体正义发挥了作用，他们的内心是幸福的。

第四节　仁政

仁政（孟子有时也把它称为王政、王道），是孟子心中最为理想的治国方略。

孟子提出仁政的主张，其思想来源大体可以从两个方向来追溯。从纵向看，仁政的主张承袭着孔子“为政以德”（即“用德来治理国家”，出自《论语·为政》）的思想，孟子实行仁政的方法也明显是继承了孔子“富教”（本书第三章第五节曾做了详细介绍）的治国思路，这在我们即将谈到的实行仁政的方法中读者朋友将有深刻体会。从横向看，孟子仁政的主张是性善在君王治理国家方面应有的表现。孟子说：“人皆有不忍人之心。先王有不忍人之心，斯有不忍人之政矣。以不忍人之心，行不忍人之政，治天下可运之掌上。”（《孟子·公孙丑上》）就是说每个人都有不忍伤害别人的心性。先王有不忍伤害别人的心，才有不忍伤害别人的政治。用不忍伤害别人的心，实行不忍伤害别人的政治，那么治理天下就会像在手掌中转动它一样容易。也就是说，当君王把每个人都具备的性善的天性推行到政治上，就能很容易地治理好国家了。所以孟子的逻辑是由每个人都性善推出国君有不忍人之心，再推广到要实行不忍人之政，即仁政。在此，我们也看到了性善和仁政之间的关系，即性善为仁政提供了理论基础，而仁政则正是性善在君王治理国家方面应有的表现。

那么如何来实行仁政呢?

孟子说："不违农时，谷不可胜食也；数罟不入洿池，鱼鳖不可胜食也；斧斤以时入山林，材木不可胜用也。谷与鱼鳖不可胜食，材木不可胜用，是使民养生丧死无憾也。养生丧死无憾，王道之始也。五亩之宅，树之以桑，五十者可以衣帛矣；鸡豚狗彘之畜，无失其时，七十者可以食肉矣；百亩之田，勿夺其时，数口之家，可以无饥矣；谨庠序之教，申之以孝悌之义，颁白者不负戴于道路矣。七十者衣帛食肉，黎民不饥不寒，然而不王者，未之有也。"（《孟子·梁惠王上》）就是说不违背农时，那么粮食就会很充足；不用密孔的渔网捕鱼，那么鱼鳖水产就会很丰富；砍伐树木定时定量，那么木材就用不尽。这样的话民众对于生养死葬都不会心感不足，这就是王道的始端。在五亩大的宅院种上桑树，五十岁的人就能穿上丝绸衣服了；适时饲养家畜家禽，七十岁的人就能吃到肉食了。百亩的田地，不违农时，数口之家就不会挨饿了；认真地办好学校，宣扬忠孝仁义，老人自己身负重物在路上行走的情况就不会出现了。七十岁的人能够穿上丝绸衣服吃上肉食，百姓不必忍受饥饿和寒冷，这样却不称王于天下是不可能的。

这也就是说，首先保证合理进行农业生产，使民众解决温饱问题，这就是仁政的开始，接着继续合理发展农业生产，同时加强仁义道德教育，这样就能称王于天下了。

"地方百里而可以王。王如施仁政于民，省刑罚，薄税敛，深耕易耨。壮者以暇日修其孝悌忠信，入以事其父兄，出以事其长上，可使制梃以挞秦楚之坚甲利兵矣。彼夺其民时，使不得耕耨以养其父母，父母冻饿，兄弟妻子离散。彼陷溺其民，王往而征之，夫谁与王敌？故曰'仁者无敌'。"（《孟子·梁惠王上》）就是说诸侯国不论大小都可以在自己的国土推行王道。大王如果对百姓施行仁政，减免刑罚，少收赋税，提倡精心耕种，使青壮年利用闲暇时间加强孝悌忠信等道德修养，做到在家能侍奉父兄，外出能尊长敬上，这样，即使手里拿着棍棒，也可以跟拥有坚实盔甲和锋利武器的秦国、楚国军队相抗衡。因为它们（指秦国、楚国）侵占了农耕季节，使百姓无法耕种来赡养父母。父母受冻挨饿，兄弟妻子各自逃散，它们使百姓处于水深火热之中，大王如果兴师去讨伐它们，有谁能是对手呢？所以说“实行仁政者无敌于天下”。

这也就是说，不论国家大小都可以实行仁政，减免刑罚，少收赋税，鼓励农业生产，加强仁义道德教育，就能够无敌于天下。

至此，我们了解了孟子心中实行仁政的方法，即先让民众生活水平达到温饱，然后在继续发展生产的同时以忠孝仁义等思想来教化民众，这样就能够使国家富强，称王于天下。我们可以体会到，这和孔子富教的思路是一脉相承的。

为什么实行仁政要采取富教这样的思路呢？孟子对此也给出了理由。“是故明君制民之产，必使仰足以事父母，俯足以畜妻子，乐岁终身饱，凶年免于死亡。然后驱而之善，故民之从之也轻。”（《孟子·梁惠王上》）就是说贤明的君主规划百姓的产业，一定要使他们对上足够奉养父母，对下足够养活妻儿，年成好的时候能够丰衣足食，年成不好的时候也不至于饿死。这样之后督促他们一心向善，民众也就乐于听从了。也就是说民众生活达到温饱水平是开展道德教化的前提。如果不遵从这一规律，在民众生活没有达到温饱的情况下，“此惟救死而恐不赡，奚暇治礼义哉？”（《孟子·梁惠王上》）就是说民众连维持生命都怕来不及，哪有空闲时间去讲求礼义呢？笔者看来，孟子的这一理由是足够充分合理的，相信读者朋友也都能够赞同。

孟子提出的仁政除了主体上采取了富教的思路以外，还包括一些具体的观点。

第一，国君要能够推己及人。“老吾老，以及人之老；幼吾幼，以及人之幼。天下可运于掌。”（《孟子·梁惠王上》）就是说孝敬自己的老人，也要推广到孝敬别人的老人；爱护自己的孩子，也要推广到爱护别人的孩子。（如果这样推己及人的话）那么治理天下就会像在手掌中转动它一样容易了。“乐民之乐者，民亦乐其乐；忧民之忧者，民亦忧其忧。乐以天下，忧以天下，然而不王者，未之有也。”（《孟子·梁惠王下》）就是说国君以民众的快乐为快乐，民众就会以国君的快乐为快乐；国君以民众的忧愁为忧愁，民众也会以国君的忧愁为忧愁。以天下人的快乐为快乐，以天下人的忧愁为忧愁，做到这样还不能够使天下归服，是没有过的。这也就是说国君要推己及人、换位思考，体会民众的快乐忧愁，这样才能更好地爱护民众，最终称王于天下。孟子在宣扬仁政主张时，齐宣王曾提出因自己喜爱钱财、美色影响了实行仁政。对此，孟子回答说，如果君王喜欢钱财和美色时能够想到民众也喜欢钱财和美色，这样对实行仁政就没有影响了。（据《孟子·梁惠王下》）我们可以看到，孟子的回答虽然简短但内容充实，不仅使喜爱钱财、美色没有对实行仁政形成阻碍，反而通过推己及人的方法让它们为国君关爱民众、制定惠民政策提供了引导和方向，着实彰显着智慧。

第二，民众拥有固定充足的产业是社会安定的基础。孟子说：“无恒产而有恒心者，惟士为能。若民，则无恒产，因无恒心。苟无恒心，放辟邪侈，无不为已。”（《孟子·梁惠王上》）就是说只有士人（古代读书人、知识分子）能做到没有固定的产业却有稳定不变的思想（可现实情况是在民众中士人所占的比例是极少的）。至于普通民众，没有固定的产业，随之就没有稳定不变的思想和道德观念。如果没有稳定不变的思想和道德观念，那么就会不守法纪、胡作非为，没有什么事情是干不出来的了。我们可以理解这样一来也就影响到社会安定了。

第三，执政应该宣扬仁义，不应让人注重利益，否则人们重视利益超过仁义就会引发祸患。“上下交征利而国危矣。”（《孟子·梁惠王上》）就是说君臣百姓都一心求取利益，那么国家就很危险了。“苟为后义而先利，不夺不餍。未有仁而遗其亲者也，未有义而后其君者也。王亦曰仁义而已矣，何必曰利？”（《孟子·梁惠王上》）就是说倘若重视利益轻视仁义，那么不争夺利益（指造反争夺更高的地位）是不会满足的。相反的，重视仁的人从来没有抛弃父母的，重视义的人从来没有不顾君王的。所以，大王只宣扬仁义就行了，何必谈论利益呢?

第四，爱护百姓、不嗜杀戮的仁慈君主才能够赢得民心称王于天下。孟子说：“不嗜杀人者能一之。”（《孟子·梁惠王上》）就是说不嗜好杀人的国君能够统一天下。“如有不嗜杀人者，则天下之民皆引领而望之矣！诚如是也，民归之，由水之就下，沛然谁能御之？”（《孟子·梁惠王上》）就是说如果有不嗜好杀人的国君，民众都会翘首以盼，并会像水往低处奔流一样归顺他，浩浩荡荡不可阻挡。孟子在被问到要有怎样的德行才能够称王于天下时回答说：“保民而王，莫之能御也。”（《孟子·梁惠王上》）就是说爱护民众的国君能够称王于天下，没有谁能够阻挡他。

第五，国君必须重视民众、关爱民众，尤其要注重关心最困苦的民众。孟子说：“民为贵，社稷次之，君为轻。”（《孟子·尽心下》）就是说民众最为重要，国家其次，国君为轻。这和《尚书·五子之歌》中“民惟邦本，本固邦宁”（民众是国家的根基，根基牢固，国家才能安宁）的意思是相近的。在被问及仁政什么样的时候，孟子回答说，周文王实行仁政，一定最先考虑鳏寡孤独（老而无妻、老而无夫、幼而丧父、年老无子的人）这些最困苦的民众。他还引用了《诗经》中的话“哿矣富人，哀此茕独”，就是说“富人的生活是可以过得去了，可怜那些无依无靠的人啊”。（据《孟子·梁惠王下》）

第六，国君选拔贤才时必须十分慎重。孟子认为，在评判一个人是否是贤才时，亲信和臣子都说某人好或者都说某人不好还不足以下定结论，一定要等到包括普通民众在内的所有人都说他好或者都说他不好以后（这其中也体现着国君应该重视普通民众的意见），再经过慎重地考察才作出论断，视情况将其提拔或罢免，只有做到这样才是一位合格的国君。（据《孟子·梁惠王下》）孟子强调选拔贤才必须特别慎重这一观点相信我们都能够接受，但有些读者朋友可能会觉得其判断是否是贤才的方式有些过于理想化，因为在现实中即使是真正的贤才也无法让所有人都称赞，所以认为孟子的说法不具备实际操作性。在这里，我们就应该运用第一章第二节《易经》部分中我们曾谈到过的“大致如此”的思想去分析这个问题。实际上，让所有人都称赞只是孟子展示大体原则的一种表述方法，并不是实际操作的必备条件。也就是说只要掌握了慎重选拔人才、注重包括普通民众在内的各方面意见这两项原则就可以了，没必要去舍本逐末过分深究言语和文字的漏洞。

第七，与农家学派观点不同，孟子的仁政承认社会分工的合理性。以许行为代表的农家学派认为“贤者与民并耕而食”（《孟子·滕文公上》），就是说贤明的君主在治理国家的同时还应该和民众一起亲自耕种，否则就是危害百姓。孟子在与信奉该学派的陈相讨论时，询问到了许行虽然亲自耕种，但他的农耕器具却不是自己做的而是用粮食换取的，对此陈相解释说各种工匠的事情不是可以一边耕种一边同时干的。孟子反问难道唯独治理国家就是可以一边耕种一边干的吗？孟子说：“或劳心，或劳力；劳心者治人，劳力者治于人；治于人者食人，治人者食于人。天下之通义也。”（《孟子·滕文公上》）就是说有的人从事脑力劳动，有的人从事体力劳动；脑力劳动者统治人，体力劳动者被人统治；被统治者养活别人，统治者靠别人养活。这是通行天下的道理。我们看到，在这里孟子既驳斥了农家学派的主张，同时也解释了社会存在分工是具备合理性的。

第八，与霸道不同，王道（仁政）用道德让人心悦诚服。“以力假仁者霸，霸必有大国；以德行仁者王，王不待大。汤以七十里，文王以百里。以力服人者，非心服也，力不赡也；以德服人者，中心悦而诚服也，如七十子之服孔子也。”（《孟子·公孙丑上》）就是说凭借武力而假托仁义的人可以称霸，称霸必须具备大国的条件；依靠道德实行仁义的人可以称王，称王不一定有大国的条件。商汤王凭方圆七十里的地方、周文王凭方圆百里的地方就称王了。用武力使人服从，不是真心服从，只是力量不够（反抗）罢了；靠道德使人归服，是心悦诚服，就像七十位弟子敬服孔子那样。我们看到，在这里孟子对比了霸道和王道，他认为霸道虽然也能让人服从，但存在着反抗的隐患，只有依靠道德让人服从的王道才能使人心悦诚服，达到长治久安的效果。

了解完仁政包含的这些具体观点以后，我们再来了解一下孟子认为实行仁政能够达到的效果。

孟子说：“万乘之国，行仁政，民之悦之，如解倒悬也。”（《孟子·公孙丑上》）就是说拥有万辆兵车的大国实行仁政，百姓对此感到喜悦，就像在倒悬着时被解救下来一样。也就是说，实行仁政将使民众有处于危难时被解救一样的喜悦。“今王发政施仁，使天下仕者皆欲立于王之朝，耕者皆欲耕于王之野，商贾皆欲藏于王之市，行旅皆欲出于王之涂，天下之欲疾其君者皆欲赴愬于王。其若是，孰能御之？”（《孟子·梁惠王上》）就是说现在大王如果能实行仁政，使天下做官的人都想到您的朝廷上来做官，天下的农民都想到您的国家来耕作，天下的商人都想到您的国家来经商，天下的旅客都想在您的国家的路途上来往，天下痛恨本国国君的人都想跑来向您诉说。果真做到了这些，还有谁能够与您为敌呢？这也就是说，实行了仁政，将能够聚集天下处于各个阶层、从事各种行业的人们的心，使他们对实行仁政的国家充满向往和期待，对实行仁政的国君真心敬佩、期盼归附，这样一来这个国君就一定能称王于天下了。

至此，我们对仁政有了一定的了解。

我们在本章开篇时曾提到过，孟子也曾像孔子一样前往各诸侯国推介自己的治国思想，但是并没有被采用。孟子如此推崇仁政，为何各诸侯国国君却都不采用呢？

诚然，仁政的很多内容都是符合历史规律的，仁政思想对后世国家的治理也提供了很多重要的指导和帮助，以它构建出的社会可以使更多的普通民众得到爱护和尊重。但是它也存在着突出的短板，那就是无法让国家快速富强。而在当时，所有的诸侯国国君所期盼的都是快速富强统一天下。即使孟子一直强调实行仁政可以称王于天下，但从实际来看，仁政并不是达到国君们期待的捷径。尤其是与商君的治国思路相比，仁政在使国家快速富强方面就相形见绌了。因此其未被各诸侯国采用也就并不奇怪了。

第八章
庄子

庄子，名周，宋国蒙邑人（今河南省商丘市北部），生卒年不详（可大致认同出生于公元前369年，逝世于公元前286年的说法，无需细究）。庄子曾经做过蒙邑的漆园吏（管理种植漆树园子的小官）。他和惠施（惠施曾给梁惠王做相，辅佐梁惠王治国，在下一章中我们将对其进行介绍）是好友，经常在一起探讨学问。按照庄子的生卒时间来看，他和孟子应该也是同时的，但是两人却从未相见过，令人惊奇。

庄子是道家的重要代表人物，后人将他和老子一起并称为“老庄”。庄子的思想学说不仅在中国思想史上占据着重要地位，而且还远播海外，日本诺贝尔奖得主汤川秀树、德国著名物理学家海森堡等众多外国科学家都曾受到过庄子思想的影响和启发，对其钦佩有加。庄子在道教中也拥有尊贵的地位，是道教四大真人之一，被道教隐宗妙真道奉为开宗祖师。庄子在唐朝天宝元年（公元724年）被追封为“南华真人”，自此，后人亦称其为“南华真人”。

太史公司马迁在《史记》中对庄子也有记载，称他“其学无所不闚，然其要本归于老子之言”（《史记·老子韩非列传》），就是说庄子学识渊博，研究范围无所不包，他的思想学说是以老子的思想为本源继承和发展出来的。《史记》中还记载着一个庄子的故事，我们可以从中体会他的为人。楚威王听说庄子贤能，派使者送去千金并许诺相位，以此请他出山辅佐其治理国家，庄子笑着对使者说：“千金，重利；卿相，尊位也。子独不见郊祭之牺牛乎？养食之数岁，衣以文绣，以入大庙。当是之时，虽欲为孤豚，岂可得乎？子亟去，无污我。我宁游戏污渎之中自快，无为有国者所羁，终身不仕，以快吾志焉。”（《史记·老子韩非列传》）就是说千金，确是厚礼；卿相，确是尊贵的高位。您难道没见过祭祀天地用的牛吗？喂养它几年后，给它披上带有花纹的绸缎，把它牵进太庙去当祭品，在这个时候，它即使想做一头小猪（不被杀死），难道还能办得到吗？您赶快离去，不要玷污了我。我宁愿在泥塘里快乐地游戏，也不想被国君所束缚。我终身都不做官，以此让自己的心志愉快。

通过这个故事我们大概了解了庄子的为人，而想要了解其真正的思想精髓，则要专门研究其著作了。

庄子的思想学说记述在《庄子》一书中。《庄子》也被称为《南华真经》，是庄子及其后学所著。《汉书·艺文志》记载《庄子》有五十二篇，现存三十三篇。晋代郭象把其分为内篇、外篇、杂篇三部分。一般认为，内七篇前后连贯，是出自庄子之手；外篇、杂篇是他的弟子门人增添的，是用来辅佐内七篇的羽翼。纵观《庄子》一书，内容丰富，博大精深，同时，也被众多学者认为具有很高的文学价值。研究庄子，当以此书为据。

第一节　大宗师

什么是大宗师呢？从字面上理解起来，就是最值得敬仰、尊崇的老师。谁能够成为大宗师呢？在庄子心中，实际上是把“道”当作了大宗师。

庄子所提到的“道”和老子提出的“道”理解起来我们基本可以认为是一样的（由此也可见《史记·老子韩非列传》中所说的“然其要本归于老子之言”是不无道理的），笔者在第二章第一节中已经为读者朋友们解释过老子“道”的概念，在此不作赘述。由于把“道”当作大宗师不太容易被学习和掌握，庄子就引入了“真人”的概念，为人们设置了比较具体的大宗师的形象，供人理解和学习。庄子谈到，既知晓上天的作为，也知晓人的作为，这样就达到了极致，而只有“真人”才有这样真正的认知。

什么样的人叫作“真人”呢？

庄子描述的“真人”有着几个特点：欲望浅薄（“耆欲深者天机浅”就是出自《庄子·大宗师》）；不企图用人为的因素去帮助上天（即《庄子·大宗师》中的“不以人助天”）；不被外物改变自己的本心（本性）；顺应事物的自然发展，能够保持内心的宁静（其中包括不对生存感到喜悦，也不对死亡感到厌恶）。

我们结合起来理解，庄子所谓的“真人”，就是通达了“道”的人。具体来说，就是洞悉了事物的本原，能够顺应万事万物的自然发展，不被任何境遇扰乱内心，达到真正觉悟的人。

至此，我们了解了庄子所说的“真人”，也即知道了庄子认为人们应该尊崇和学习的方向。而为了让人们对这一方向更加明确，庄子又继续做出了一些解释。

首先，要顺其自然，不要企图用人为的因素去影响上天。“无以人灭天，无以故灭命，无以得殉名，谨守而勿失，是谓友其真。”（《庄子·秋水》）就是说不要用人为因素去损害上天的意愿，不要找什么缘由去影响命运的安排，不要为获取虚名而不遗余力，谨慎地持守这一准则，这就叫作与本真友爱相好。“与其誉尧而非桀也，不如两忘而化其道。”（《庄子·大宗师》）就是说与其赞誉尧的圣明而反对桀的暴虐，不如把他们都忘掉而融化混同于“道”之中。这也就是说，不论尧的圣明还是桀的暴虐，其实那都是“道”的安排，是上天的意愿，人们没必要去评判他们的是非。对于庄子劝导人们不要企图用人为因素去影响上天，笔者在此多谈一些自己的理解。按照庄子的思路，其实“道”对包括每个人的思想行为在内的万事万物都做了规划，那么对于想要用人为因素影响上天的人，其想要人为的行为也都是在“道”的安排之中了。既然他们在不自觉的情况下也都按照“道”的安排去行事了，庄子为何还要进行这样的劝导呢？实际上，庄子这样劝导是想要教给人们一种坦然面对事物的心态和方法，让更多的人能够不因追求人为而疲惫不堪。而他这种劝导的意愿和行为其实也都是在“道”的安排下进行的，是在完成“道”赋予他的特定时间、空间条件下的使命，这就是庄子有这种劝导意愿和劝导行为的原因。至于庄子劝导的成效，“道”会另行控制和安排，这就与庄子无关了。也就是说，庄子虽然这样劝导了，但是民众是否听从，民众接受的程度，以及接受之后将作出多大程度的改变，这些也都有着“道”的安排，庄子就不用再为这些劳神了。而按照庄子的修为，他自然是懂得这个道理的，也就不会再为这些耗费心神了。

其次，要安时处顺，平静地面对包括生死在内的任何境遇。“且夫得者，时也；失者，顺也。安时而处顺，哀乐不能入也，此古之所谓县解也。而不能自解者，物有结之。”（《庄子·大宗师》）就是说获得是因为时机，失去是因为顺应。安于时机而处之顺应，就能够不喜不悲，这就是古人所说的解脱了倒悬之苦。如果不能自我解脱，那原因就是受到了外物的束缚。“死生，命也；其有夜旦之常，天也。人之有所不得与，皆物之情也。”（《庄子·大宗师》）就是说死和生都被命运所左右，这就像黑白交替一样，都是出于上天的安排。有些事情人是无法干预的，这是万物的实际情况。“夫大块载我以形，劳我以生，佚我以老，息我以死。故善吾生者，乃所以善吾死也。”（《庄子·大宗师》）就是说自然赋予我形体，用生存来劳苦我，用衰老来闲适我，用死亡来安息我。所以，能够把我的生存看作好事，也就应该把我的死亡看作是好事。“杀生者不死，生生者不生。”（《庄子·大宗师》）就是说灭除了生的想法就不会死，留恋于生也就不存在真正的生。庄子认为最好的状态应该是“撄宁”，也就是心神宁静，不被外界事物所扰的状态。

笔者看来，无论是庄子所讲的大宗师、真人，亦或是他补充做的解释，其实全部都指向了“道”这一本原。庄子通过《庄子·大宗师》一篇，就是告诉我们要悟“道”，从“道”中汲取智慧，顺应事物的自然发展，永保内心的宁静。

第二节　齐物论

什么是齐物论呢？“齐”指齐同、整齐；“物”指事物、天下万物；“论”指言论、主张。但是对于三个字放在一起组成整体后该如何理解，古今学者却大多有两种不同的见解。

一种认为，齐物论就是“齐物之论”，即整齐万物的理论。这种理解是自南北朝时期的刘勰提出“庄周齐物，以论为名”（《文心雕龙·论说》）的说法以后流传下来的，按此理解是把齐同的目标放在了“物”上，而以“论”为名，笔者对这种理解方式并不认同。笔者看来，春秋战国时期，用“论”来作为标题的风气尚未兴起，在其后也是直到西汉时期才有如此命名的文章（贾谊的《过秦论》）出现，并且庄子本身就厌恶辩驳言论（读者朋友可以在本节“齐论”部分自行体会），因此这样以“论”来命名的可能性是很小的。此外，如果按照这种理解，那么将本篇命名为“齐万物”可能比现有的标题更加符合当时的习惯。

另一种认为，齐物论就是齐同“物论”，也就是要齐同各家各派针对天下万物所作出的不同言论。对于这种把齐同的重点放在“论”上的理解，笔者也是不认同的。倘若如此理解，那么完全可以命题为“齐论”或“齐诸论”，即齐同各家不同的言论，没有必要在其中加入“物”了，因为各家的言论本身就是跳不出天下万物这个范围的，它们本身都是针对天下万物所作的。

既然笔者对这两种理解方式均不认同，那么应该如何来理解齐物论呢？

笔者看来，所谓“齐物论”，实际上是包含着齐物和齐论两个方面内容的。也就是说，粗浅理解起来，齐物论就是齐同客观事物和思想言论。庄子认为，客观万物虽然是千差万别的，但却可以把它们看作是一样的，没有必要分出区别，这就是“齐物”；人们的各种观点和言论虽然是千差万别的，但也应该把它们看作是一样的，没有所谓是非之分，这就是“齐论”。所以整体来理解，齐物论就是模糊掉客观事物（其中包括物我）之间，以及思想言论之间的差异，把它们看作是齐同、浑为一体的。

了解完齐物论的整体情况后，我们再来分别了解一下齐物和齐论。

首先，我们来了解一下齐物。在这方面，庄子给出了他对事物与其对立面之间联系的一些看法。

第一，事物与它的对立面是相互依存的。“非彼无我，非我无所取。”（《庄子·齐物论》）就是说没有“彼”（彼方、对方）就没有“我”（文中有时也称为“是”，指“彼”的对立面），而如果没有“我”，那么“彼”也就无法得到呈现。“彼出于是，是亦因彼。”（《庄子·齐物论》）就是说“彼”出自“是”，“是”亦起因于“彼”。这两句话结合起来理解，就是说事物只有通过其对立面才能映照出它自身的存在和特点，反过来讲，如果事物没有了它的对立面，那它本身也就无法得到映照和呈现。我们举例来理解，如果没有了“美”的概念，那么“丑”同时也就失去了意义。

第二，事物与它的对立面是同时发展的。“彼是，方（指正在，两船并行）生之说也。”（《庄子·齐物论》）就是说“彼”和“是”是像两船并行一样并存的。“方（指正在，两船并行）生方死，方死方生。”（《庄子·齐物论》）就是说正在产生的同时也就正在走向死亡；走向死亡的过程同时也是正在产生的过程。“其分也，成也；其成也，毁也。”（《庄子·齐物论》）就是说事物的分解过程也是事物的形成过程；事物的形成过程也是它的毁灭过程。

第三，事物与它的对立面是存在共同属性的。“是亦彼也，彼亦是也。”（《庄子·齐物论》）就是说“是”就是“彼”，“彼”就是“是”。这也就是说，事物和它的对立面虽然是相对的，但它们不存在极其明确的区分界线，甚至在一定程度上来说它们还有着共同的属性（比如胖和瘦同时都是用来描述事物形体“宽窄”程度的）。

对事物及其对立面之间的关系有了以上的理解之后，庄子说出了齐物的关键。“彼是莫得其偶，谓之道枢（枢：原指门上的转轴，多引申为关键或核心），枢始得其环中，以应无穷。”（《庄子·齐物论》）（多数学者把“谓之道枢”中的“道枢”看作整体，理解为把它叫作“道枢”，即“道”的“枢”。但还存在另一种说法，即把“谓之道”看作整体，理解为“把它叫作”，这样“谓之道枢”就是把它叫作“枢”。这样理解的原因是包括下一句“枢始得其环中”在内的全文都没有再提到过“道枢”，所以不一定要把它们当作整体来看。两种说法哪种更为恰当还请读者朋友们自行判断，我们暂时按照多数学者的意见来理解。）就是说“彼”和“是”失去了其对立的一面（也就是“彼”和“是”相同或者浑为一体了），这就叫作“道”的枢，掌握了“道”枢就像处在圆环的中心一样抓住了看待事物的根本，这样就能够应对事物无穷无尽的变化了。这也就是说，齐物的关键，就是“彼是莫得其偶”，即把对立的事物都看作是相同或者浑为一体的，掌握了这一思路就是掌握了“道”的关键，能够在“道”的角度看待事物了（《庄子·齐物论》中两次提到的“以明”说的就是这种效果），如此也就能够应对事物无穷的变化了。

掌握了齐物的关键以后，我们再来了解庄子描述的达到了齐物以后的状态。“故为是举莛与楹、厉与西施、恢恑憰怪，道通为一。”（《庄子·齐物论》）（多数学者把此处“道通为一”的“道”理解为哲学意义上的“道”，但还有一种说法是将其理解为“可以说是”或者“引导、疏导到……上”，亦或简单理解成“叫作”。原因是根据后文“复通为一”“知通为一”可知“通为一”是一个整体，而根据逻辑，在“复通为一”之前应该首先提出“通为一”。哪种说法更为恰当还请读者朋友们自行判断，我们暂时按照多数学者的意见来理解。）就是说所以细小的草茎和巨大的木柱、丑陋的女人和美丽的西施，以及千奇百怪的各种事态，从“道”的角度来看，它们都是相通、浑一的。“凡物无成与毁，复通为一。”（《庄子·齐物论》）就是说事物都没有生成和毁灭的区别，它们也是相通、浑一的。“果且有彼是乎哉？果且无彼是乎哉？”（《庄子·齐物论》）就是说果真存在“彼”“是”的区别吗？果真不存在“彼”“是”的区别吗？庄子通过这句话，在讨论“彼”“是”之间的区别的同时，又把“有”和“无”之间的区别也模糊掉了。“唯达者知通为一，为是不用而寓诸庸（庸：指应用、使用）。”（《庄子·齐物论》）就是说只有通达的人才知晓事物相通而浑一的道理，因此不再固执地对事物进行区分，而是把精力寄托在事物的应用方面。“天下莫大于秋毫之末，而泰山为小；莫寿乎殇子，然彭祖为夭。”（《庄子·齐物论》）就是说天下没有什么比秋毫（秋天鸟兽新长出来的细毛）的末端更大的了，即使泰山也可以算是很小的；世上没有什么人比殇子（夭折的孩子）更长寿的了，即使彭祖（传说中最长寿的人）也可以看作是短命的。这也就是说，事物的大和小、寿命的长和短，都可以看作是其相反的一面，都可以看作是浑为一体的。

庄子描述的以上的这些看事物的状态都达到不拘泥和滞留在区分事物的区别上了，这已经到达了齐物的标准。而如果再进一步，那就是庄子所说的“天地与我并生，而万物与我为一”（《庄子·齐物论》）的状态了，即天地与我共生，万物与我为一体。像这样，把包括自身在内的世间万物全部看作齐同、浑为一体，这便是齐物的最高境界了。

接下来，我们来了解一下齐论。同样的，我们先来看一下庄子对思想言论的一些看法。

第一，每个思想观点或言论中都同时存在着对立的因素，比如“是”（正确）和“非”（错误）、“可”（可以）和“不可”（不可以），并且对立的两方面因素是互为一体、同时发展的。“彼亦一是非，此亦一是非。”（《庄子·齐物论》）就是说“彼”中同时含有“是”和“非”，“此”中也同时含有“是”和“非”。“物固有所然，物固有所可；无物不然，无物不可。”（《庄子·齐物论》）就是说事物（这里侧重“事”或言论观点）原本就有正确或值得认可的一面，没有什么事物不存在正确或值得认可的一面。“因是因非，因非因是。”（《庄子·齐物论》）就是说依托正确的一面同时也就遵循了谬误的一面，依托谬误的一面同时也就遵循了正确的一面。“方可方不可，方不可方可。”（《庄子·齐物论》）就是说“可以”和“不可以”就像两船并进一样是共同发展的。我们把这几句话结合起来理解，观点或言论本身都是既有值得肯定的因素，也有需要否定的因素，它们对立统一地组成着这一观点或言论的整体。如果我们顺着这个思路继续延伸，那么区别思想言论的是与非就没有必要了。

第二，辩论是否取胜不能作为辨别思想言论是非的标准，没有人能够作出完全公正的评判。“既使我与若辩矣，若胜我，我不若胜，若果是也，我果非也邪？我胜若，若不吾胜，我果是也，而果非也邪？”（《庄子·齐物论》）就是说假如我和你展开辩论，如果你赢了我，那么你果真就是对的我果真就是错的吗？如果我赢了你，那么我果真就是对的你果真就是错的吗？“吾谁使正之？使同乎若者正之？既与若同矣，恶能正之！使同乎我者正之？既同乎我矣，恶能正之！使异乎我与若者正之？既异乎我与若矣，恶能正之！使同乎我与若者正之？既同乎我与若矣，恶能正之！”（《庄子·齐物论》）就是说我们又能让谁来对我们的辩论作出完全公正的评判呢？让观点跟你相同的人来评判吗？既然看法跟你相同，那他怎么能作出公正的评判！让观点跟我相同的人来评判吗？既然看法跟我相同，那他怎么能作出公正的评判！让观点与你我都不同的人来评判吗？既然看法与你我都不同，那他怎么能作出公正的评判！让观点跟你我都相同的人来评判吗？既然看法跟你我都相同，那他又怎么能作出公正的评判！

第三，世界上本身就不存在统一的判定标准，因此各种言论主张也就是纷杂错乱、无法分辨的。“民湿寝则腰疾偏死，鳝然乎哉？木处则惴慄恂惧，猨猴然乎哉？三者孰知正处？民食刍豢，麋鹿食荐，蝍蛆甘带，鸱鸦耆鼠，四者孰知正味？”（《庄子·齐物论》）就是说人们睡在潮湿的地方就会腰部患病甚至酿成半身不遂，泥鳅也会这样吗？人们住在高高的树木上就会心惊胆战、惶恐不安，猿猴也会这样吗？人、泥鳅、猿猴这三者究竟谁最懂得居处的标准呢？人以牲畜的肉为食物，麋鹿以小草为食物，蜈蚣嗜吃小蛇，鸱鸦（可理解为猫头鹰）则爱吃老鼠，人、麋鹿、蜈蚣、鸱鸦这四者究竟谁才懂得真正的美味呢？“毛嫱丽姬，人之所美也，鱼见之深入，鸟见之高飞，麋鹿见之决骤。四者孰知天下之正色哉？”（《庄子·齐物论》）就是说毛嫱和丽姬是人们称道的美人了，可是鱼儿见了她们深深潜入水底，鸟儿见了她们高高飞向天空，麋鹿见了她们撒开四蹄飞快地逃离，人、鱼、鸟、麋鹿这四者究竟谁才懂得天下真正的美色呢？“自我观之，仁义之端，是非之塗，樊然殽乱，吾恶能知其辩！”（《庄子·齐物论》）就是说以我来看，仁与义的端绪，是与非的途径，都纷杂错乱，我怎么能分辨它们之间的区别啊！通过以上的语句，我们看到不同的动物对居处、味道、美色有着各自不同的选择，这体现了世界上不存在统一的判定标准。既然如此，那么不同的人对同一个事物产生什么样的观点也都是正常的了，而这些观点本身都是从他们各自的角度所看到的，所以也就无法辨别清楚这些观点的是非对错了。

第四，争论辩驳的人一定都没有看到事物的完全整体，而不管他们如何争辩，他们的言论也依然有表达不到的地方。“圣人怀之，众人辩之以相示也。故曰辩也者有不见也。”（《庄子·齐物论》）就是说圣人把事物都囊括于心胸之中自己体会，而一般人则争辩不休、夸耀展示。所以说，但凡争论辩驳的人，都有他自己所看不见的一面。“道昭而不道，言辩而不及。”（《庄子·齐物论》）就是说“道”如果完全表露出来就不是真正的“道”了，言论如何争论辩驳也依然存在表达不到的地方。

第五，不同的思想言论无论是非如何，它们都存在着最基本的共同属性的，即它们都同属于思想言论。“今且有言于此，不知其与是类乎？其与是不类乎？类与不类，相与为类，则与彼无以异矣。”（《庄子·齐物论》）就是说现在我暂且在这里说一番话，不知道这些话跟其他人的言论观点是相同的呢，还是不同的呢？不管是相同的言论还是不同的言论，既然相互间都是言谈议论，那么从这一意义上来说，无论其内容如何也都已经是同类的了。

第六，争论是非是没有意义并且是有害的，所以不应显耀自己的思想言论并与他人争论辩驳。“是若果是也，则是之异乎不是也亦无辩；然若果然也，则然之异乎不然也亦无辩。”（《庄子·齐物论》）就是说对的假如果真是对的，那么它不同于不对的，这就不须去争辩；正确的假如果真是正确的，那么它不同于不正确的，这也不须去争辩。“是非之彰也，道之所以亏也。道之所以亏，爱之所以成。”（《庄子·齐物论》）就是说是与非的显露，就是“道”出现亏缺的原因。“道”如果出现了亏缺，那么偏私的观念也就因此形成了。“是故滑疑之耀，圣人之所图也(“图”亦写作“啚”，疑为“鄙”字之误，指瞧不起、摒弃)。”（《庄子·齐物论》）就是说因此张扬显示各种迷乱人心的巧说辩言，是圣人所鄙夷的行为。

对思想言论有了以上的理解之后，庄子说出了齐论的关键。“何谓和之以天倪？曰：是不是，然不然。”（《庄子·齐物论》）就是说什么叫调和天然的分际界限呢？对的也就像是不对的，正确的也就像是不正确的。庄子在此点明了齐论的关键，那就是“是不是，然不然”，即把是非对错全部不作区分、浑为一体来看待。庄子接下来说，“化声之相待，若其不相待，和之以天倪，因之以曼衍，所以穷年也。”（《庄子·齐物论》）就是说把思想言论的不同比作各种声音的不同，它们就像没有不同一样。调和天然的分际界限，顺应自然的变化发展，就用这样的办法来终了此生吧。

掌握了齐论的关键以后，我们再来了解庄子描述的达到了齐论以后的状态。“忘年忘义，振于无竟，故寓诸无竟。”（《庄子·齐物论》）就是说忘掉年岁忘掉是非，到达无穷无尽的境界，所以圣人总把自己寄托于无穷无尽的境域之中。这也就是说，把思想言论的是非对错全部不作区分、浑为一体，这样就不会被纷杂错乱的思想言论扰乱内心，最终进入到内心宁静、心神自由的思想境域。

至此，我们了解了齐物和齐论。

接下来，我们看一下庄子认为达到齐物论之后是怎样的状态呢？“众人役役，圣人愚芚，参万岁而一成纯。”（《庄子·齐物论》）就是说人们总是劳苦不停地忙于分辨区别和是非，而圣人却好像无所识别、没有觉察，糅合古往今来的变异沉浮之后，自身达到纯粹不杂、不被纷乱差异困扰的状态。我们看到，这里圣人在齐物论之后的状态，也就基本上达到了大宗师、真人的境界了。

人们如果不按照齐物论的要求去做会怎样呢？庄子看来，如果人们不按照齐物论的方法去看待客观事物和思想言论，那就会使其影响自身的情绪，就如同朝三暮四的猴子一样（“朝三暮四”即出自《庄子·齐物论》），虽然实质的东西没有被改变，但却使自己的情绪产生了很大的波动，无法心神宁静，这也就很难靠近大宗师、真人的境界了。

庄子还介绍了达到齐物论之后的一些感悟。

“予恶乎知说生之非惑邪！予恶乎知恶死之非弱丧而不知归者邪！”（《庄子·齐物论》）就是说我怎么知道贪恋活在世上不是困惑呢？我又怎么知道厌恶死亡不是年幼流落他乡而年长还不知回归呢？这也就是说，有可能在世上生存才是流落到了他乡，而死亡才是回归故乡。庄子还通过丽姬的故事来说明“予恶乎知夫死者不悔其始之蕲生乎”（《庄子·齐物论》），就是说我又怎么知道那些死去的人不会后悔当初的求生呢？我们来了解一下丽姬的故事。丽姬是个美丽的女子，当她的国家被晋国征伐，她自己被晋国俘获时，她哭得泪水浸透了衣襟，可等她到了晋国王宫被尊为夫人，吃上了美味珍馐，她就后悔当初不该那么伤心地哭泣了。（据《庄子·齐物论》）这就是说，有时候人们原以为很悲伤的事情（比如死亡），等到真正发生时，可能并没有一点悲伤，甚至可能非常快乐。（这也是当代人们戏谑流传的“真香定律”。）再进一步来理解，人通常对未来的事物会先作出一些判断（这些判断会影响自身的情绪），而事物真正的发展可能会完全推翻之前的判断。这时人们才意识到，自己事先做出判断的行为是没有必要的，只会给自己徒增烦恼。庄子通过这个故事，就是告诉我们死亡之后的快乐并不一定比生存时的快乐少，死亡之后进入的新的时空世界很可能比现在生存的时空世界的舒适感、幸福感更强。有如此理解之后，把生死看作是齐同、浑为一体也就不再是难事了。

庄子接下来说：“梦饮酒者，旦而哭泣；梦哭泣者，旦而田猎。方其梦也，不知其梦也。梦之中又占其梦焉，觉而后知其梦也。且有大觉而后知此其大梦也，而愚者自以为觉，窃窃然知之。君（国君）乎、牧（放牧的人）乎，固哉！丘也与女，皆梦也；予谓女梦，亦梦也。”（《庄子·齐物论》）就是说在睡梦里饮酒作乐的人，天亮醒来后很可能哭泣；在睡梦中哭泣的人，天亮醒来后很可能快乐地打猎。正当他做梦的时候，他并不知道自己是在做梦。睡梦中可能还会卜问梦中之梦的吉凶，醒来以后才知道是在做梦。人在最觉醒的时候才知道此前只是他的一场大梦，而愚昧的人则自以为觉醒，好像知晓了一切一样。国君尊贵，放牧的人卑贱，这种看法实在是浅薄鄙陋呀！孔子和你都是在做梦，我说你们在做梦，其实我也在做梦。

我们可以把这段话与庄周梦蝶的故事结合起来进行思考。庄周梦见自己变成了蝴蝶，他欣然自得地飞舞着，感到特别愉快惬意，不知道自己原本是庄周。突然间醒过来，惊惶不定之间才意识到自己是庄周。不知道是庄周梦中变成了蝴蝶呢，还是蝴蝶梦见自己变成了庄周呢？庄周与蝴蝶必定是有区别的。这就叫作物化（物我界限消解，万物浑化为一）。

在这里，庄子通过讲述现实世界和梦境，表达了他对宇宙世界的思考。在他看来，人们所看到的现实世界是一个境域（即一个时空世界），梦境也是一个境域（即另一个时空世界）。而人有一个特点，就是处在哪个境域里，就认为这个境域是真实的，其他的境域是虚幻的。当结束了所处的境域进入到另一个境域之后，又会觉得之前的境域是虚幻的，而新进入到的境域才是真实的。为了易于理解，我们可以顺着庄子的思路这样想，当人经历一个又一个境域时，就会把他所处在的每一个境域都轮番看作真实，把他正处在的境域以外的其他境域看作虚幻。按照这个思路，现实世界只是我们从所处的这个所谓“现实世界”的角度认为的“现实世界”，而梦境也只是从我们所处的这个所谓“现实世界”的角度认为的“梦境”。（如果用物理学的概念来理解，当前看到的“现实世界”和当前看到的“梦境”属于平行时空、平行宇宙。）倘若我们进入到现在认为的“梦境”里边，那么原本认为是“梦境”的时空世界就成了“现实世界”，而原本认为是“现实世界”的时空世界就成了“梦境”。

如果把这个思路运用到看待生死上，那么我们上文提到“有可能在世上生存才是流落到了他乡，而死亡才是回归故乡”的感悟可能就更加容易理解了。（这里提到的“把死亡当作回归故乡”只是庄子认为有平行时空存在的说法，他为的是让人不纠结于眼前的纷繁杂扰，保持内心的宁静，读者朋友切勿因此产生轻生念头。无论庄子认为的平行时空是否存在，如果早早主动结束自己的一生，减少了很多生存的体验和快乐，那都是一件很亏的事情。）我们处在现在生存的世界时，只会认为死亡之后的世界是虚幻的。按照庄子的思路，死亡进入到另一个时空世界后，才会意识到我们现在生存的世界就像是大梦一场，而拥有这样的想法时才是人相对于上一个时空世界（即我们现在生存的世界）来说最为觉醒的时候。庄子看来，异于常人达到了真正觉醒的人也是存在的，这样的人能够在处于当前生存的世界时便已经知道当前的世界是一场大的梦境了。既然当前的世界是一场梦境，那么它便是虚幻缥缈的，如此，自然可以把当前世界的客观事物或思想言论等等一切都看作是齐同、浑为一体的了。

很多人在研究庄子提出的齐物论时都踏入了明显的误区，认为庄子没有看到客观事物之间以及思想言论之间存在的差异。而实际上，虽然庄子提出了齐物论，认为应该把事物和思想言论都看作是齐同、浑为一体的，但这是他在看到了这些差异之后，才提出的看待万事万物的方法。这是因为如果使用齐物论这一方法来看待万事万物，就能使人更加不为外物所动，更加容易靠近大宗师、真人那种顺应事物的自然发展，永保内心宁静的状态。

第三节　养生主

所谓养生主，就是养生(滋养生命)的要领（根本）。庄子认为应该如何来养生呢?

“吾生也有涯,而知也无涯,以有涯随无涯,殆已,已而为知者,殆而已矣。为善无近名，为恶无近刑。缘督以为经，可以保身，可以全生，可以养亲，可以尽年。”（《庄子・齐物论》）就是说我的生命是有限的，而知识却是无限的，凭借有限的东西去追求无限的东西，势必疲困不堪神伤体乏，所以像这样用有限的生命去索求无尽的知识，那必然疲困不堪、神伤体乏了。做世人所谓的好事而不靠近虚名，做世人所谓的坏事而不靠近刑罚。遵循中正之道并把它作为原则，这样就可以保护自身、保全天性、奉养父母，并且能享尽天年了。这也就是说，用有限的生命追求无法达成的目标只会让自身疲倦不堪，所以应该遵循中正之道，做到顺应自然。

庄子接下来讲述了庖丁解牛的故事。庖丁（姓丁的厨师）为文惠君解牛（把牛的各个部位分割开来）时手法娴熟、技艺高超，文惠君十分惊叹并询问他解牛的技术为何高超到如此地步，庖丁回答说：“我所喜好和尊崇的是‘道’，这比技术要更加高深。刚开始我解牛的时候，看到的是一头整牛；过了三年之后，看到的就不是牛的整体了（而是牛的结构部位）；而现在，我只用心神去感受而不必用眼睛去观察牛了。依照牛天然的生理结构，劈击筋骨相连的大缝隙，把刀导向骨节间的空隙处，全都顺着牛体原本的结构去分割，从不碰触不宜下刀的地方，更不会硬生生去砍牛骨。好的厨师一年更换一把刀，因为他们用刀切割肉；一般的厨师一个月更换一把刀，因为用刀砍骨头；现在我的这把刀用了十九年，我已经用它分解过几千头牛了，但是这把刀的刀刃还像刚刚磨过一样锋利。牛的骨节间是有空隙的，刀刃却薄得几乎没有厚度，用几乎没有厚度的刀刃插入骨节之间的空隙中，空隙就显得很宽，刀刃运转回旋就很宽绰并且还有余地（游刃有余即出自此处），因此十九年了我的刀还像刚刚磨过一样锋利。即便如此，每次碰到筋骨盘结的地方，我看到它难于下刀，还是会十分谨慎不敢大意，目光专注，缓慢用刀。等到牛全部分解，牛的部位像土堆积在地上，然后我才会提着刀站在那里，轻松地环顾四周，悠然自得心满意足（踌躇满志即出自此处），把刀擦拭好收起来。”文惠君说：“妙啊！我听了庖丁的这番话从中领悟到了养生的道理。”（据《庄子·齐物论》）我们看到，庖丁顶尖的解牛技艺是在他尊崇的“道”的指引下发展出来的。庖丁讲述好坏厨师更换刀具的周期不同，体现了顺应牛本身的生理结构是保护刀刃免受损伤的关键。而遇到筋骨盘结的地方依然谨慎用刀，则体现了谨慎面对难题的态度。所以笔者猜测，文惠君从庖丁的话中领悟到的养生的道理，就是要尊崇“道”，要在处世时谨慎地顺应事物的特点和规律，如此才能保全自身免受损害。

庄子还讲述了秦失（老子的朋友）吊唁老子的故事。老子去世了，秦失前往吊唁，大哭了三声之后就走出了灵堂。老子的弟子质疑秦失的吊唁过于简单，不是朋友所为。秦失回应说：“这样吊唁朋友当然是可以的。原本我以为你们也像老子一样超凡脱俗，现在看起来并不是这样。刚才我进入灵房吊唁，看到有老人为之哭泣，就像哭泣自己的孩子一样；有少年为之哭泣，就像哭泣自己的母亲一样。他们都到了这里，一定有人本不想说什么却不得已要说一些话，本不想哭泣却不得已要哭泣。这种行为属于违反天意、违背真情，忘掉了要遵循上天的意愿，古人把这称作遁天之刑（违背自然之道的过失）。”秦失接下来说：“适来，夫子时也；适去，夫子顺也。安时而处顺，哀乐不能入也，古者谓是帝之县解。”（《庄子·齐物论》）就是说老子的到来，是应时而生；老子的去世，是顺应自然的安排。安于时运而顺应自然，哀伤和快乐就不能进入心怀，古代的人把这叫作顺从上天解脱了倒悬之苦。《庄子·至乐》中也记述着一个与此相似的故事。庄子的妻子去世，惠子前去吊唁，却看到庄子正在坐着敲盆唱歌。惠子说：“你的妻子和你共同生活这么久，养育子女直到衰老去世。现在她去世你不伤心哭泣也就算了，还敲着盆唱歌，这也太过分了吧！”庄子回答说：“不然。是其始死也，我独何能无慨然！察其始而本无生，非徒无生也而本无形，非徒无形也而本无气。杂乎芒芴之间，变而有气，气变而有形，形变而有生，今又变而之死，是相与为春秋冬夏四时行也。人且偃然寝于巨室，而我噭噭然随而哭之，自以为不通乎命，故止也。”（《庄子·至乐》）就是说你说得并不正确。当她刚刚去世的时候，我怎么能不感慨伤心呢？然而感悟到她原本就没有生命（这是从齐同了生死的境界得到的结论），不光没有生命而且原本就没有形体，不光没有形体而且原本就没有元气。夹杂在恍恍惚惚的境域之中，慢慢变化而有了元气，元气变化而有了形体，形体变化而有了生命，现在又从拥有生命变化到了死亡的状态，这就如同春夏秋冬四季运行一样。去世的人安稳地寝卧在天地之间，而我却在她旁边大声哭泣，我认为这是没有通晓天命，所以也就停止了这种行为。在这两个故事中我们看到，秦失和庄子都认为，亲友离世是上天的意愿、自然的安排，所以人应该免除悲伤、顺其自然。只有这样才是真正通晓了天命，免除了情绪的波动。

至此，我们对庄子心中养生的要领有了一定的理解。在他看来，滋养生命的关键，就是要遵从上天的意愿和自然的安排，顺应事物的特点和规律，不为外物所累，免除情绪波动，以安时处顺、顺其自然的态度去面对大千世界。

第四节　应帝王

所谓应帝王，粗浅理解起来就是顺应上天的人能够称王于天下。我们具体应该怎样来理解这句话呢？

为了弄清这个问题，我们首先来了解一下，庄子看来什么样的人才是圣明的君主呢？

庄子对没有达到圣明君主的情况进行了说明。他认为，如果一个人只是精明强干、体察透彻、勤奋学道，那他只是像一个有一定才智的供职办事的小官吏，他会被自己的本领所系累，导致身心劳苦。（庄子解释，这就像虎豹因为皮毛美丽而招致猎捕，猕猴因为敏捷、猎犬因为迅猛而招致绳索的束缚一样。）像这样的人，离圣明君主的层次还有着很大的差距。庄子还把舜和伏羲做了比较。舜心怀仁义，获得了人们的拥戴，不过他“而未始出于非人”（《庄子·应帝王》），就是说还是没有走出人为（比如仁义或者舜的施政都是人的主动思想行为）的局限。而伏羲的见解特别真实无伪，他的德行十分符合本性，“而未始入于非人”（《庄子·应帝王》）。就是说从不曾进入人为的局限之中（而是顺应了自然）。通过把舜和伏羲进行比较，庄子向我们说明，即使是舜这样的仁君，因为受到人为的局限，依然没有达到圣明君主的最高超境界。

那么庄子心中的圣明君主究竟是什么样的呢？“功盖天下而似不自己，化贷万物而民弗恃。有莫举名，使物自喜。立乎不测，而游于无有者也。”（《庄子·应帝王》）就是说功绩普盖天下却又像这些并非出自自己的努力，教化施及万物而百姓却不觉得有所依赖（因为治理思路顺应自然所以百姓都觉察不到受到了治理）；功德无量没有办法称述赞美，使万事万物各居其所而欣然自得；立足于高深莫测的神妙之境，而神游在虚无缥缈的无有境界。“至人之用心若镜，不将不迎，应而不藏，故能胜物而不伤。”（《庄子·应帝王》）就是说“至人”使用心就像镜子一样，对于外物来映照不相送也不迎接，应合事物本身而不有所隐藏，所以能够反映外物而又不因此损心劳神。

所以综合来看，庄子心中的圣明君主，是能够不受外物的影响，以顺应自然的方式，引导帮助民众各居其所、欣然自得的人。

了解完圣明君主，我们接下来看一下庄子认为错误的治国观念。“君人者以己出经式义度，人孰敢不听而化诸？”（《庄子·应帝王》）就是说做国君的人按照自己的意志颁布法令规则，人们谁敢不听取而随之顺从变化呢？庄子看来，用这种观点治理天下只是治理表象，就像徒步下海开凿河道或者是让蚊虫背负大山一样荒谬。

既然这种治国思路是荒谬的，那么庄子看来应该如何治理国家呢？“游心于淡，合气于漠，顺物自然而无容私焉，而天下治矣。”（《庄子·应帝王》）就是说把心游于听任自然，把气合乎清净漠然，顺应事物的自然而内心没有偏私，那么天下就得到了很好的治理。“正而后行，确乎能其事者而已矣。”（《庄子·应帝王》）就是说顺应本性然后感化他人，听任人们的能力和本性。“玄古之君天下，无为也，天德而已矣。”（《庄子·天地》）就是说远古的圣君统治天下就是依靠无为的思想，也就是听任上天的德性，顺其自然罢了。“古之畜天下者，无欲而天下足，无为而万物化，渊静而百姓定。”（《庄子·天地》）就是说古时候养育天下百姓的统治者，无所追求而天下富足，无所作为而万物自行变化发展，深沉宁静而民众自然安定。

我们看到，庄子心中最为理想的治国思路，就是摒除偏私之心，避免刻意作为，以顺应自然的思路稍加引导，让民众在无所察觉的情况下各安其所、心情愉悦。

庄子还讲述了一个浑沌之死的故事，用以告诫人们，如果不顺应自然而是去刻意作为，那么不光无法达到期望的结果，而且还将造成极大的危害。南海的大帝是儵，北海的大帝是忽，中央的大帝是浑沌。儵与忽时常在浑沌管理的地界相遇，浑沌每次都用丰盛的饭菜款待他们。儵和忽为了报答浑沌的深厚情谊，一起商量说："人人都有眼耳口鼻七个孔窍用来看、听、吃饭和呼吸，唯独浑沌没有，我们试着为他凿开七窍吧。"就这样，他们每天为浑沌凿出一个孔窍，凿了七天浑沌也就死去了。

至此，我们对庄子提出的应帝王有了一定的了解。我们可以体会到，庄子应帝王的观点是他顺其自然的整体思想在治理国家方面的具体体现。同时，我们也能感受到，庄子应帝王的观点，明显借鉴和传承了老子"无为"的思想，这也更加证明了我们在本章开头提到的太史公司马迁所说"然其要本归于老子之言"（《史记·老子韩非列传》）是不无道理的。

第九章

辩者

辩者，也被称为名家，是先秦时期的诸子百家之一。西汉司马谈（司马迁之父）在《论六家要旨》中将其与儒家、道家等并列为“六家”。

辩者的代表人物主要有邓析、惠施、桓团和公孙龙，他们都以擅长辩论而著称。其中又以惠施和公孙龙分别代表着辩者的“合同异”派和“离坚白”派。因此在本章中，我们主要对惠施和公孙龙来进行了解。

第一节　惠施

惠施也称惠子，战国中期宋国（今河南省商丘市）人，生于公元前390年，卒于公元前317年。他是辩者“合同异”派的主要代表人物。惠施曾给梁惠王做相，辅佐梁惠王治国。他和庄子是好友，经常在一起辩论问题。《汉书·艺文志》曾著录《惠子》一篇，已经逸失。现在仅能根据《庄子》《荀子》《韩非子》《吕氏春秋》等书中的片段记载，对其思想进行研究。

《庄子·天下》中记述着惠施的言论。“至大无外，谓之大一；至小无内，谓之小一。无厚，不可积也，其大千里。天与地卑，山与泽平。日方中方睨，物方生方死。大同而与小同异，此之谓‘小同异’；万物毕同毕异，此之谓‘大同异’。南方无穷而有穷。今日适越而昔来。连环可解也。我知天之中央，燕之北、越之南是也。泛爱万物，天地一体也。”就是说大到极点而没有超出其外的，称为“大一”；小到极点而再没有内部的，称为“小一”。没有厚度，不可向高处累积，但也能在平面上扩大到千里。天和地一样低，山和泽一样平。太阳刚刚正中的时候就偏斜下去，万物正在出生也就正在向死亡转化。大同和小同相差异（即大类别的概念和大类别下的小类别的概念之间的异同。例如动物和人之间的异同、马与白色的马之间的异同），这叫“小同异”（这些异同是低层次的）；万物全都相同和全都相异（事物之间总有相同的一方面，如都是白色、都在同一个屋子里，即使没有这些，那最起码它们都是世界的存在物或者都是能被人类认知的事物。此外，它们之间也必然存在着不同的一面），这叫“大同异”（这些异同是高层次的）。南方既没有穷尽也有穷尽（当时的人普遍认为，南方是没有边界的）。今天到越国去而昨天已经到达了。连环可以解开（据《战国策·齐策》记载，秦王派使者送一副相连的玉环给齐国，问如何解开它，齐国群臣都无法解开，而齐君王后用把玉环打碎的方法将玉连环给解开了）。我所知的天下的中央，在燕国之北越国之南（实际地理位置上燕国在最北端，而越国在最南端。西晋司马彪对此作了很好的注解：“天下无方，故所在为中；循环无端，故所在为始也。”）。泛爱万物，天地合为一体。

从这段话中我们可以体会，惠施看来，当事物在一方面受到限制时，它可以从其他方面发展；在一个角度遇到困难时，可以从其他角度进行解决。事物之间（时间、空间的概念之间）的差异只是相对的，应该从公正、不偏私的角度，把它们看作是相同的。在这里我们也能感受到，惠施的思想和庄子“齐物论”的主张是存在着一些相似之处的。

惠施的思想有其合理的一面，但他有一些行为却受到了众人的非议。惠施以自己的思想为基础，总是拿出一些怪异的观点（比如鸡蛋有毛、龟比蛇长、车轮不着地、白狗是黑色的等等）与天下的辩士们争辩不休。对此，《庄子·天下》评论说，惠施专门制造怪异之说，提出与众人相反的观点，然后通过辩赢别人而获取名声。他把心思放荡迷乱地分散到万物上，就像用声音去追逐回响（即用本质去追寻本质的衍生品），而没有追寻正道，最终只因擅长辩论而出名。他浪费了自己的才能，十分可惜。《荀子·解蔽》也评论说：“惠子蔽于辞而不知实。”就是说惠施被言辞所蒙蔽而不去追求知晓实质。笔者看来，这些评论确实是不无道理的。

第二节 公孙龙

公孙龙也称公孙龙子，战国时期赵国人，生于公元前 320 年，卒于公元前 250 年。他是辩者“离坚白”派的主要代表人物。公孙龙曾在赵国平原君家中做了几十年的门客。他的思想主要记述在《公孙龙子》一书中。《汉书·艺文志》著录《公孙龙子》十四篇，北宋时期逸失八篇，现仅存六篇。研究公孙龙的思想，主要以此书为据。

公孙龙的思想主要以白马论和坚白论最为著名。

首先，我们来了解一下白马论。所谓白马论，其核心就是公孙龙提出的“白马非马”观点。也就是说，在公孙龙看来，白色的马不是马。这是公孙龙自认为赖以扬名的观点。

公孙龙为什么有如此观点呢？他说：“马者，所以命形也；白者，所以命色也。命色者非命形也，故曰白马非马。”（《公孙龙子·白马论》）就是说“马”是用来命名形体的，“白”是用来命名颜色的。命名形体和命名颜色不同，所以说白马不是马。公孙龙还举了两个例子来论证其观点。第一，想要马，那么给予黄马、黑马都可以；而想要白马，那么给予黄马、黑马就不符合要求。第二，如果现在有黄马和黑马，那么可以说“有马”，但是不可以说“有白马”。公孙龙看来，如果白马是马，那么白马和马的规范范围就应该是完全相同的，而通过以上两个例子明显证明了白马和马的规范范围不同，因此也就说明白马不是马了。

我们可以看到，公孙龙的言论具有一定的迷惑性，但其漏洞也是比较明显的。实际上，公孙龙是和众人玩了一个文字游戏，他把可以理解为“属不属于”的“是不是”（“白马是不是马”中的“是不是”），解释成了“等不等同于”，从而引发了这一著名的争论。众所周知，白马是在马的基础上增加了“颜色是白色的”这一条件。我们通常认为的白马是马，是认为白马属于马，但并未认为白马的概念和马的概念是完全等同的。而公孙龙的做法，是把白马是不是马，偷换概念为白马等不等同于马，然后再通过论证“白马和马是有区别的，是不能完全等同的”这一显而易见的事实，最终得出了他“白马非马”的结论。很显然，这种行为是属于诡辩的。

接下来，我们再来了解一下公孙龙提出的坚白论。所谓坚白论，其核心在于“离坚白”这一观点，即“坚”（坚硬）和“白”（白色）这两种属性是相互分离的。在《公孙龙子·坚白论》中，公孙龙以坚硬的白色石头为例，论述了这一观点。

“坚白石，三，可乎？曰：不可。曰：二，可乎？曰：可。曰：何哉？曰：无坚得白，其举也二；无白得坚，其举也二。”（《公孙龙子·坚白论》）就是说“把‘坚、白、石’三分（分成三部分）可以吗？”公孙龙说：“不可以。”问：“那么二分可以吗？”公孙龙说：“可以。”问：“为什么？”公孙龙回答：“没有坚硬那就得到了石头的白色这一属性，如此一来就是二分（白、石）；没有白色就得到石头的坚硬这一属性，如此一来也是二分（坚、石）。”在这里我们可以体会，公孙龙认为，石头作为具体的物体，它只能表现出一种属性，要么是坚硬，要么是白色，而不能将这两种属性同时显露出来。也就是说，公孙龙认为坚硬和白色这两种属性是相互分离的。他还继续做出了解释：“视不得其所坚而得其所白者，无坚也。拊不得其所白而得其所坚，得其坚也，无白也。”（《公孙龙子·坚白论》）就是说视觉无法看到石头的坚硬而只能看到其白色，这就是没有坚硬的属性（即得到的结论是“白石”）。抚摸（敲击）无法知道石头的白色而只能知道其坚硬，这就是获得了它坚硬的属性，没有白色的属性（即得到的结论是“坚石”）。这也就是说，人通过视觉无法看出石头的坚硬，只能看出是白色的石头；通过触觉无法感受石头的白色，只能感受到是坚硬的石头。所以公孙龙就以此认为坚硬和白色这两种属性不能同时存在于石头中。

笔者看来，公孙龙以人的不同感官的功能差异，去判定具体事物的不同属性无法共存，这种做法是荒谬的。我们可以体会，在客观世界中，具体事物的存在与否及其属性如何都不会因人的认知程度（此处只讨论认知，而不讨论人做出的行为）而发生变化。我们可以以“盲人摸象”的故事来理解，不同盲人因摸到大象的不同部位，他们感知和在头脑中刻画出的大象的模样虽然不同，但这并不影响大象原本的模样。同样的道理，不能因为人的单一感官（如视觉或触觉）只能感知到坚白石的特定方面，就以此否定它其他客观存在的属性。

公孙龙还从另一方面对自己的观点进行了论证。在客观世界中，有的事物虽然坚硬却不是白色的，有的事物虽然是白色的但却不坚硬。据此，公孙龙认为既然坚硬与白色并非必然联系在一起，那就可以得出它们是相互分离的结论。而对于既坚硬又是白色的事物，公孙龙则解释说该事物在表现出其中一种属性（如坚硬）时，另一种属性（如白色）就“藏”（潜存起来、存在但未显露）了起来。如此便也是符合他“坚硬和白色相互分离”的观点的。

笔者看来，公孙龙的这一论证依然不能令人信服。想要证明坚硬和白色是相互分离的，就应该证明坚硬和白色不可以联系在一起，而他论证的“坚硬和白色并不一定要联系在一起”这一理由，是无法推出上述结论的。此外，知道坚白石既有坚硬又有白色的属性，而却以其中一种属性“藏”起来了为理由强行将两种属性分离，认为它们互相不共存，这就像掩耳盗铃一样，明显是荒谬的行为。

至此，我们对公孙龙的白马论和坚白论有了一定的了解，也在其中感受到了公孙龙的言论是属于诡辩的。而他的这种诡辩，在当时就已经被人察觉并且起而反对。《资治通鉴·卷三》中就记载着两个这样的故事。

首先是“论臧三耳”（辩论奴隶是否有三只耳朵）的故事。孔穿（孔子的后人）有一次和公孙龙“论臧三耳”，肯定“臧三耳”的公孙龙将否定“臧三耳”的孔穿辩驳得无以对答。第二天平原君（前面我们曾提到，公孙龙是平原君家中的门客）问孔穿前一日辩论的情况，孔穿说：“他几乎能让奴隶真的长出三只耳朵来，然而这件事说起来虽然如此，但实际上是困难的。我想请教您，论证奴隶有三只耳朵十分困难，又是虚假的；论证奴隶有两只耳朵十分容易而且还是事实。不知道您将听信论证容易并且真实的，还是会听信论证困难并且虚假的呢？”平原君听后沉默不语，等到再见到公孙龙时对他说：“公无复与孔子高辩事也！其人理胜于辞，公辞胜于理，终必受诎。”就是说您不要再和孔穿辩论了，他的道理超过言辞，而您的言辞超过内涵的道理，最终肯定占不了上风。（这一故事也为庄子一章中齐物论的“齐论”部分提到的庄子“辩论是否取胜不能作为辨别思想言论是非的标准”的观点再一次提供了佐证。）

另一个故事讲述了邹衍（阴阳家的代表人物，以“五行”和“大九州”而著称）拒绝与公孙龙辩论的事（《史记·平原君虞卿列传》也对此事有所记载）。公元前 256 年，邹衍出使赵国，平原君想让他与公孙龙就“白马非马”展开辩论。邹衍予以拒绝，并且说：“夫辩者，别殊类使不相害；序异端使不相乱。抒意通指，明其所谓，使人与知焉，不务相迷也。故胜者不失其所守，不胜者得其所求。若是，故辩可为也。及至烦文以相假，饰辞以相敦，巧譬以相移，引人使不得及其意，如此害大道。夫峄缴纫争言而竞后息，不能无害君子，衍不为也。”就是说辩论，应该区别不同类型，不相侵害；排列不同概念，不相混淆。抒发自己的意旨和概念，表明自己的观点，让别人理解，而不是相互造成困惑迷乱。如此，辩论的胜者能坚持自己的立场，败者也能得到他所追求的真理，这样的辩论是可以进行的。可如果是用烦琐的语句作为凭据，把巧言饰辞当作知识渊博，假借比喻来偷换概念，吸引别人使之不得要领，这样就会损害“大道”（此处可粗略理解为：治学的根本）。像这种纠缠不休，咄咄逼人，总要别人认输然后才肯停止的做法，有害君子风度，我邹衍是不会这么做的。邹衍说完后，在座的人都齐声叫好。这件事以后，平原君便辞退了公孙龙，公孙龙渐渐失去了影响。六年后，公孙龙去世。

以擅长辩论而知名的公孙龙，虽然总是能够看似在辩论中胜出，但最终还是被道破了诡辩的本质。由此，我们也能体会到，《庄子·天下》中提到公孙龙这类辩者的局限在于“饰人之心，易人之意，能胜人之口，不能服人之心”（就是说迷惑人心，改变人意，能够在言语上战胜别人，却不能让人真心诚服）这一观点确实是比较中肯的。

第十章

荀子

荀子，名况，也被称为荀卿、孙卿（西汉时避汉宣帝刘询讳）、孙卿子，战国时期赵国人。约生于公元前313年，卒于公元前238年。

荀子曾担任过齐国稷下学宫的祭酒，也担任过楚国的兰陵（今山东省临沂市兰陵县）令。他晚年在兰陵著书立说，去世后也葬在了兰陵。荀子有多位著名弟子，韩非（战国末期法家代表人物，我们在下一章将对其具体介绍）、李斯（秦朝丞相）、张苍（西汉丞相，汉代名士贾谊的老师）均是其学生。

荀子被认为是孟子之后又一位继承孔子思想的儒学大家，但其思想与孟子多有不同。荀子总结了各思想流派的得失，汲取各家精华（尤其是吸收法家思想）对儒家思想进行了改造发展，因此其思想有着自己的特点。这也造成了后世对他的评价大相径庭。荀子被后世尊崇孟子的儒家学者视为儒家学派的异端，甚至归于法家。但同时，也有人认为其是先秦诸子中的集大成者，对其推崇备至。不过，对于荀子“礼法并施”思想对秦朝以来中国历代统治者发挥的启发和指导作用，学者们基本上是没有争议的。单从这一点来说，其思想的可行性是超越孟子的。

荀子的思想主要记载在《荀子》一书中。《汉书·艺文志》著录《孙卿子》（即《荀子》）三十三篇，现存三十二篇，多为荀子自著。研究荀子的思想，主要以此书为据。

第一节　性恶

所谓性恶，就是荀子所说的“人之性恶，其善者伪（这里“伪”并不是“假的”，而是指“人为的”）也”（《荀子·性恶》）。也就是说人的本性是邪恶的，人表现出的善良是后期人为约束（创设并推广执行礼义法度）达到的效果。我们看到，荀子的这一观点，与孟子性善的观点是针锋相对的。

荀子为什么会这样认为呢？他主要从三个方面阐述了理由。

其一，人的本性是邪恶的，如果依顺本性不加以影响改变，那么邪恶本性就会越发放大，社会就会走向混乱。

“若夫目好色，耳好听，口好味，心好利，骨体肤理好愉佚，是皆生于人之情性者也。”（《荀子·性恶》）就是说眼睛爱看美色，耳朵爱听音律，嘴巴爱吃美味，内心喜好财利，身体喜欢舒适安逸，这些都是人的本性产生出来的东西。“今人之性，生而有好利焉，顺是，故争夺生而辞让亡焉；生而有疾恶焉，顺是，故残贼生而忠信亡焉；生而有耳目之欲，有好声色焉，顺是，故淫乱生而礼义文理亡焉。然则从人之性，顺人之情，必出于争夺，合于犯分乱理，而归于暴。”（《荀子·性恶》）就是说人的本性，自从出生就喜欢财利，依顺这种本性，那么争抢掠夺就产生而推辞谦让就没有了；自从出生就有妒忌憎恨的心理，依顺这种本性，那么残杀陷害就产生而忠诚守信就没有了；自从出生就有耳朵、眼睛这些感官的贪欲，有喜欢音乐、美色的本能，依顺这种本性，那么淫荡混乱就产生而礼义法度就没有了。这样看来，顺应人的本性，依从人的情欲，就一定会出现争抢掠夺，一定会相互侵犯、扰乱道义，最终趋向于暴乱。“人情甚不美，又何问焉！妻子具而孝衰于亲，嗜欲得而信衰于友，爵禄盈而忠衰于君。”（《荀子·性恶》）就是说人之常情（本性）很不好，又何必问呢？有了妻子儿女，对父母的孝敬就减弱了；嗜好欲望满足了，对朋友的守信就减弱了；爵位俸禄满意了，对君主的忠诚就减弱了。“今当试去君上之埶，无礼义之化，去法正之治，无刑罚之禁，倚而观天下民人之相与也，若是，则夫强者害弱而夺之，众者暴寡而哗之，天下悖乱而相亡，不待顷矣。用此观之，然则人之性恶明矣，其善者伪也。”（《荀子·性恶》）就是说现在如果试着去掉君主的权势，没有礼义的教化，废弃法治的管理，没有刑罚的制约，旁观天下民众的相互交往，这样一来，那些强大的就会侵害弱小的而掠夺他们，人多的就会欺凌人少的而压制他们，天下人悖逆作乱而互相灭亡的局面不等片刻就会出现了。由此看来，人的本性是邪恶的就能明了了，他们那些善良的行为是人为（前文所说的被假设去除掉的权势、教化、法治、刑罚）作用的结果。

其二，正因为人的本性邪恶，所以圣明的君王才人为创设出礼义法度对其进行约束。

“今诚以人之性固正理平治邪，则有恶用圣王，恶用礼义哉？虽有圣王礼义，将曷加于正理平治也哉？今不然，人之性恶。”（《荀子·性恶》）就是说现在如果确实以人的本性就能够做到端正顺理安定守序，那么哪里还需要圣明的君王和礼义法度呢？即使有了圣明的君王和礼义法度，又能在端正顺理安定守序的情况下再发挥什么作用呢？现在不是这种情况（即现实依然需要圣王和礼义法度发挥作用），所以也就证明了人的本性是邪恶的。“凡礼义者，是生于圣人之伪，非故生于人之性也。”（《荀子·性恶》）就是说所有的礼义，都是圣人人为创制的，而并非是产生于人的本性的。“故性善则去圣王，息礼义矣；性恶则与圣王，贵礼义矣。故檃栝之生，为枸木也；绳墨之起，为不直也；立君上，明礼义，为性恶也。”（《荀子·性恶》）就是说认为人的本性善良，那就可以去除圣明的君王、停止礼义教化了；认为人的本性邪恶，那就会拥护圣明的君王、积极遵崇礼义了。檃栝（矫正弯曲木材的器具）的存在，是因为有弯曲的木料；绳墨（木工打直线的墨线）的出现，是因为有不直的东西；置立君王，彰明礼义，就是因为人的本性是邪恶的。“古者圣王以人性恶，以为偏险而不正，悖乱而不治，是以为之起礼义，制法度，以矫饰人之情性而正之，以扰化人之情性而导之也，使皆出于治，合于道者也。”（《荀子·性恶》）就是说古代圣明的君王认为人的本性是邪恶的，认为人们偏邪险恶而不端正、悖逆作乱不守秩序，因此制定了礼义和法度，用来调整人们的本性而端正他们的行为，对其进行教化引导，使他们都能遵守秩序、行为合乎正道。

其三，只有受到人为的约束，人们才能克服自身的本性，趋向善良。

“今人之性恶，必将待圣王之治，礼义之化，然后始出于治，合于善也。”（《荀子·性恶》）就是说人的本性邪恶，一定要依靠圣明君王的治理、礼义的教化，然后才能遵守秩序、合乎“善”的标准。“故必将有师法之化，礼义之道，然后出于辞让，合于文理，而归于治。”（《荀子·性恶》）就是说所以一定是有了师长和法度的教化、礼义的引导，然后人们才能推辞谦让，遵守礼法，最终才免于混乱得到安定。荀子解释说，饥饿了想要吃饱，寒冷了想要温暖，劳累了想要休息，这些是人们的本性。可现在儿女看到长辈就不敢先行吃饭，而是要谦让；弟弟虽然劳累但因代替哥哥劳作就不敢立即休息，而是继续劳作。像这类的情况都是违反人的本性和情欲的，但却符合着孝悌礼义的要求。此外，爱好钱财利益是人的本性，假如有兄弟要分割财产，如果依顺这种本性就会相互争夺、反目成仇，可是如果受到礼义规范的教化，不仅会避免这种情况，而且可能会将钱财利益推让给需要它的陌生人。所以说，如果顺从本性就不会有这些行为出现了，而现在这些行为的出现，也就证明了是人为的约束让民众克服了本性、有了善良的行为。

至此，我们了解了荀子给出的三个主要理由，而除此之外，荀子还从本性和人为的区别、累积礼义法度并不是人的先天本性等方面进行了补充论证。篇幅所限，笔者在此不作具体介绍，有兴趣的读者朋友可以自行研究。回到荀子“人之性恶，其善者伪”的观点，通过上文我们可以粗略理解，人的本性是邪恶的，当人受到了礼义法度等人为约束之后才会出现善良的行为，而未受到人为约束时则就只会表现出人的邪恶本性。

那么针对这种情况，我们能够做些什么呢？

荀子说：“性也者，吾所不能为也，然而可化也；积也者，非吾所有也，然而可为也。”（《荀子・儒效》）就是说本性不是我们所能决定的，但是我们可以后天在它的基础上进行改变；日常累积的东西（人为的事物）不是我们先天就具有的，但是却可以后天去作为。这里，荀子为我们提供了一个可以发挥人的主观能动性的思路，那就是人要以克服邪恶本性追求善良状态为目的，在后天积极作为。而在他看来，要践行这一思路，就要满足两方面的条件。

首先在客观上，要有礼义法度和良师益友。“今人之性恶，必将待师法然后正，得礼义然后治，今人无师法，则偏险而不正；无礼义，则悖乱而不治。”（《荀子・性恶》）就是说人的本性邪恶，一定要依靠师长和法度的教化才能端正，一定要得到礼义的引导才能治理好。如果没有师长和法度，就会偏邪险恶而不端正；如果没有礼义，就会叛逆作乱不守秩序。“人无师法，则隆性矣；有师法，则隆积矣。”（《荀子·儒效》）就是说没有师长的指引和礼法的约束，人就会任性而为；有了师长的指引和礼法的约束，人就会重视学习积累。“得贤师而事之，则所闻者尧舜禹汤之道也；得良友而友之，则所见者忠信敬让之行也。身日进于仁义而不自知也者，靡使然也。”（《荀子·性恶》）就是说得到了贤能的老师而向其学习，那么所听到的就是尧、舜、禹、汤的正道；得到了德才优良的朋友而和他们交往，那么所看到的就是忠诚守信恭敬谦让的行为。像这样，自己在不知不觉中就在向仁义不断地靠近了，这就是接触带来的效果。

其次在主观上，自身要遵循正道积极努力。荀子说：“涂之人可以为禹。”“凡禹之所以为禹者，以其为仁义法正也。”（《荀子·性恶》）就是说路上的普通人也可以成为圣明的禹。禹之所以成为禹，是因为他能践行仁义法度（改变了先天邪恶的本性）。在荀子看来，普通人也有成为圣人的潜质，关键看他是否能够在遵循礼法这条正道上积极努力。“今使涂之人伏术为学，专心一志，思索孰察，加日县久，积善而不息，则通于神明，参于天地矣。”（《荀子·性恶》）就是说现在如果使路上的普通人趴在路旁进行学习，专心致志思考探察，长此以往，积累善念礼法而不停歇，那他就能够通于神明，参悟天地了。

荀子看来，同时满足这两方面的条件，那么人就能够克服邪恶的本性，达到善良的状态了，这是他为性恶这种情况提出的解决思路。至此，我们完成了对荀子性恶观点的大致了解。

我们该如何看待荀子的这一观点呢？

在本节的首段中，我们曾提到过荀子提出的性恶与孟子提出的性善是针锋相对的，但当我们对这两种观点都有了一定的了解之后就能够发现，孟子和荀子对人的本性的善恶判断虽然有着完全相反的结论，但是他们的想法也有着相同之处。他们都认为后天的努力可以对人的先天本性产生重要的影响，因此都强调人们要在后天的努力方面积极作为。此外，他们最终期待达到的目标也是一致的，那就是劝导人们远离邪恶，达到善良。我们看到，为了达到相同的目标，他们提出了不同的思路。简单来说就是，孟子看来人性本善，所以后天要不断努力使微小的善念扩大充实，最终达到期待的善良境界；荀子看来人性本恶，所以后天要不断努力约束恶念使之变化转而向善，最终达到期待的善良境界。

虽然二者是殊途同归的，但是如果单从论证的理由来看，笔者认为荀子性恶的观点是更具有说服力的。不过笔者对于性恶的观点也并非完全赞同。

笔者看来，我们没有必要去区分本性的善与恶，因为制造善恶标准以及判断是否属于善恶这些全都属于人的后天行为，而在人的先天本性中，既包含有人们后天认为善良的方面，也包含有人们后天认为邪恶的方面，它们共同构成的这一整体实际上就是人的动物本性。比如争夺利益（荀子所谓性恶的表现）或者是保护同类免受伤害（孟子所谓性善的表现），这些在有了达尔文进化论的理论支撑之后，我们很容易理解它们都是人的动物本性的体现，都属于人的本性，（在达尔文的进化论出现之前人们不知道人类从何而来的时候，很多问题思考起来要比现在困难得多。）这样一来，判断人的本性是善还是恶也就失去了意义。

无论是孟子性善的观点还是荀子性恶的观点，在两千余年的历史发展中都没有使对方完全消亡，而是同时存在并且都对后世产生了长久的影响。以现今仍广为流传的《三字经》和《增广贤文》（也称《昔时贤文》）为例，《三字经》在全篇开头便提出了“人之初，性本善”的观点，而《增广贤文》则在多个语句中都体现着“人性本恶”的观念。自此，性善和性恶两种观点的深远影响便可见一斑了。

第二节 礼论

所谓礼论，就是对礼的论述。通过上一节，我们可以感受到荀子重视礼义法度，在本节中，我们来具体了解一下荀子关于礼的观点主张。

荀子所谓的礼是什么呢？它指的是礼义法度，即人的思想行为准则。除此之外，它还包含着一些具体的礼节仪式内容。

荀子讲述了他认为的礼的起源。“人生而有欲，欲而不得，则不能无求，求而无度量分界，则不能不争。争则乱，乱则穷。先王恶其乱也，故制礼义以分之，以养人之欲，给人之求。使欲必不穷乎物，物必不屈于欲，两者相持而长，是礼之所起也。”（《荀子・礼论》）就是说人生来就有欲望，如果不能满足欲望，就会有所索求，如果索求无度，没有标准，就会产生争斗。有争斗就会变得混乱，混乱就会导致穷困。古代的圣王厌恶混乱，所以就制定礼义作为标准，用以供养人的欲望，满足人的索求。使欲望不追求全部外物，外物不被欲望所竭尽，外物和欲望两者在相持中发展，这就是礼的起源。在这里，荀子所说的外物和欲望，我们可以如此理解：有了礼义的支撑和约束，在外物没有达到欲望的要求时，人们就能够想到虽然没有完全获得想要的外物，但行为符合了礼义，这样就在节省了外物的同时在精神上感受到了一定收获，填补了部分欲望。明白了荀子所说的外物和欲望，我们再去理解他的这段话就很容易了。荀子是说，礼义就是古代圣王为了协调欲望和外物的关系（规范人的欲望），避免争斗和混乱的出现而创制出来的思想行为标准。在此之中，我们也能够感受到他的观点是以性恶为理论基础的。

从礼的起源中，我们也同时能够体会到礼的作用。而为了让我们有一个更加清晰的认识，荀子对礼的作用继续进行了解释。“天地者，生之始也。礼义者，治之始也。”(《荀子·王制》) 就是说天地是生命的源头，礼义是太平的开始。“性伪合而天下治。”(《荀子·礼论》）就是说人的天性欲望与人为加工（即礼义的约束）相结合那么天下就能够和平昌盛。“好恶以节，喜怒以当。以为下则顺，以为上则明。万变不乱，贰之则丧也。”（《荀子·礼论》）就是说人的好恶由礼来节制，喜怒因礼而适宜。用礼来治理臣民，就可以使臣民顺从，用礼来规范君王，就可以使君王通达英明。有了礼，世界如何变化也不会混乱，如果违背了礼，那么必然走向灭亡。在此我们能够看到，荀子认为，礼对所有人都能起到很好的规范和帮助，遵从了它社会就能安定太平和谐有序，背离了它社会就会产生祸患走向灭亡。荀子还从具体的方面讲述了一些礼的作用。礼作为人的思想行为准则，它能够使鄙陋的行为或者像坚白论那样歪曲浅陋的学说消亡。除此之外，礼还能够滋养身心。“治气养心之术，莫径由礼。”(《荀子·修身》) 就是说礼是最直接的能够治气养心的方法。对于荀子提到的这一点，孟子培养浩然之气的思路能够对此有所体现。

接下来我们再来了解一下荀子关于礼的三个观点。第一，礼的一个重要特点，就是依照地位尊卑而设置出了不同的差别等次。“贵贱有等，长幼有差，贫富轻重皆有称者也。”（《荀子·礼论》）就是说尊贵和卑贱有不同的等级，年长和年幼有一定的差别，贫富尊卑都有各自相应的规定。也就是说，礼为不同的人设置了与其相对应的各方面标准。第二，礼有三种层次。最低层次是只注重质朴感情的原始状态；在其之上是在感情中加入了仪式，但二者不能完全对等融合；最高层次则是将感情和仪式都发挥得淋漓尽致。荀子认为礼就是从最低层次向最高层次这样发展过来的。第三，人和禽兽最根本的区别就是人能够知晓并践行“礼”。（第三个观点据《荀子·非相》）

在荀子关于礼的言论中，有很多是关于丧礼和祭祀的，我们在此也稍作介绍。对于丧礼，荀子除了对其一些规定的含义进行解释之外，还阐述了自己的观点。在他看来，丧礼是彰明生死的意义，用来使人们以悲痛恭敬的心情送别死者并将其周全埋葬的。人应该重视丧礼，不能厚生而薄死。他解释说，人活着的时候，不恭敬有礼地侍奉就是粗野；人去世后，不恭敬有礼地丧葬就是轻薄。死亡对于每个人来讲都是只有一次而不能重复，臣下敬重君王，子女敬爱父母，在这里能够得到最充分的体现。人只有将生存时的侍奉和去世后的丧葬都做好，才算是尽到了孝子的义务，遵从了圣人之道。对于祭祀，荀子除了对其一些规定进行介绍之外，还解释了它的创设缘由。他说，祭祀是人们思慕感情的表达，是忠信敬爱的极致体现，是礼仪制度的繁荣盛况。在人们欢欣团聚时，忠臣孝子就会想念君主和亲人，古代的圣王为了使忠臣孝子的这种真情能够得以抒发，所以设置了祭祀之礼。

通过以上我们介绍的荀子关于礼的言论，我们能明显感受到他对礼的推崇，而除此之外，他还从另外两个角度劝导人们遵从于礼。其一，礼义是用来约束和滋养人的本性欲望的，人如果追求礼义，那么既能使社会和谐有序又能使本性欲望得到满足；如果直接追求本性欲望，那么既会造成社会混乱又无法满足本性欲望。也就是说，追求礼义就能二者兼得，追求本性欲望就会二者兼失。所以，人应该去追求礼义。其二，圣人能够“从心所欲不逾矩”（出自《论语·为政》，本书第三章第七节知命部分我们也曾提到过），就是说圣人随心所欲但又不超越礼义规矩，即圣人已经没有了逾越礼义规矩的不恰当欲望。所以圣人是遵从于礼的典范，人们既然尊崇圣人，那就也应该学习圣人遵从于礼。

至此，我们对荀子关于礼的论述有了一定的了解。如果读者朋友想要对礼有一个更加全面的掌握，除了自行品读荀子关于礼的相关论述的原文之外，还可以对《礼经》（也称《礼》《士礼》《仪礼》，普遍认为成书于先秦时期）、《周礼》（汉时称《周官》，相传为周公旦所著，但普遍认为成书于两汉之间）、《礼记》（也称《小戴礼记》《小戴记》，西汉时戴圣所作）继续进行研究，笔者在此不对这些进行具体介绍了。

第三节 解蔽

所谓解蔽，粗略理解就是解除蒙蔽。

荀子看来，人们经常会受到外物的蒙蔽以致不能清晰全面地认识事物，这是人们在认识问题时的通病。他举例说，祸乱国家的君王、扰乱思想的学者都是真心想寻求正道的，但是他们只觉得自己是正确的，他们背离了正道却还自以为是，其原因就是受到了蒙蔽。而受到了蒙蔽就不能准确得当地判明是非，最终才导致做出了错误的行为。

什么会造成蒙蔽呢？荀子说：“欲为蔽，恶为蔽；始为蔽，终为蔽；远为蔽，近为蔽；博为蔽，浅为蔽；古为蔽，今为蔽。凡万物异则莫不相为蔽，此心术之公患也。”（《荀子·解蔽》）就是说欲望会造成蒙蔽，厌恶也会造成蒙蔽；只看到起始会造成蒙蔽，只看到终点也会造成蒙蔽；只看到远处会造成蒙蔽，只看到近处也会造成蒙蔽；知识广博会造成蒙蔽，知识浅陋也会造成蒙蔽；只了解古代会造成蒙蔽，只了解现代也会造成蒙蔽。不同的事物都会相互造成蒙蔽，这是人心的一个普遍忧患。

荀子看来，人们受到蒙蔽就会遭受祸患，不受到蒙蔽就能享受福分，他从君王、臣子和宾孟（往来诸国的游士说客）三个层次说明了这一观点。作为君王，夏桀和商纣国家覆灭自己惨死就是蒙蔽带来的祸患，商汤王和周文王生前受人爱戴死后被人歌颂就是不受蒙蔽所带来的福分。作为臣子，唐秧、奚齐追求权势都被杀死就是蒙蔽带来的祸患，召公、吕望、鲍叔牙、宁戚、隰朋仁德明智享受到了极好的名声财利就是不受蒙蔽所带来的福分。作为宾孟，墨子、宋子（宋钘）、惠施、庄子等人的思想认识有一些道理但都有不足之处，所以扰乱了自己也让别人迷惑，这就是蒙蔽带来的祸患。孔子仁德明智，思想认识高深全面，德性与周公齐平，名声与三王并列，这就是不受蒙蔽所带来的福分。

那么如何才能达到解除蒙蔽的状态呢？

荀子说，人的心就像盘中的水，不搅动时就能清澈照人，被搅动了就会混浊不堪。心是人的核心主宰，人受到蒙蔽就是他的心受到了蒙蔽，所以想要解除蒙蔽，就要让心解除蒙蔽。也就是说，解除蒙蔽的关键在于心。

怎样让心解除蒙蔽呢？荀子提出了“虚壹而静”的方法（这与第二章第五节附《管子》部分我们提到的“静因之道”有着相似之处），就是说要让心能够“虚”“壹”“静”。

荀子说，心没有不充满内容的时候，但也有所谓“虚”；心没有不包容多物的时候，但也有所谓“壹”；心没有不进行活动的时候，但也有所谓“静”。“人生而有知，知而有志；志也者，臧也；然而有所谓虚，不以所已臧害所将受谓之虚。”（《荀子·解蔽》）就是说人生下来就能够认知，能够认知就有所记忆，记忆就是储存内容，但是也有“虚”的状态，不让已经储藏在心中的认知去妨害将要接受的东西就叫作“虚”。“心生而有知，知而有异；异也者，同时兼知之；同时兼知之，两也；然而有所谓一，不以夫一害此一谓之壹。”（《荀子·解蔽》）就是说人生下来就能够认知，能够认知就能感受差异，差异就是对各方都了解，同时了解它们，也就是彼此兼顾，但是也有“壹”的状态，不让对一种事物的认知妨害对另一种事物的认识就叫作“壹”。“心卧则梦，偷则自行，使之则谋，故心未尝不动也；然而有所谓静，不以梦剧乱知谓之静。”（《荀子·解蔽》）就是说人睡着了心就会做梦，偷闲时就能自行想象，使用它的时候就会思考谋划，所以心没有不进行活动的时候，但是也有“静”的状态，不被虚假烦杂的想法扰乱认知就叫作“静”。

如此，我们便掌握了“虚壹而静”的要领，即不要让已经储藏在心中的认知去妨害将要接受的东西；不要让对一种事物的认知妨害对另一种事物的认识；不要被虚假烦杂的想法扰乱认知。荀子看来，做到了“虚壹而静”，就能够在认识上全面透彻而无偏蔽，这便是解除了蒙蔽，达到了他称为“大清明”的状态。

至此，我们对荀子解蔽的思想主张有了一定的了解。我们可以感受，荀子提出的“虚壹而静”的解蔽方法对全面客观认知事物、准确做出行为判断确实是大有裨益的，时至今日我们依然能够从中获得启发。

第四节　正名

在本书孔子一章中，我们曾了解过孔子“正名”的主张。而在本节中，我们将要对荀子所谓的“正名”进行介绍，虽然它们都叫作“正名”，但二者的内容是有差异的。孔子所谓的“正名”指的是端正名分，让自身行为符合自己的身份。而荀子所谓的“正名”，指的则是端正名实，让名称与事实相符合。

荀子为什么要提出正名这一主张呢？在他看来，当时的社会被怪癖邪说扰乱了正名，致使名实关系不清、是非标准模糊、民众受到迷惑互相进行争论，社会已经出现了混乱。所以为了扭转这种局面，荀子提出了“正名”的主张。“故王者之制名，名定而实辨，道行而志通，而慎率民则一焉。”（《荀子·正名》）就是说君王确定事物的名称，名称确定就能分清事物，道就能够实行，意志就能够通达，然后就要谨慎地引导民众遵守这些名称。这也就是说，荀子认为，只有进行正名，才能使名实关系回归正道，怪癖邪说得以消除，名称和思想得到统一，民众专一道法遵从命令，最终使天下安定太平。在此我们也能够体会到，荀子正名的主张是包含着名称词义和社会秩序伦理道德两个层面的内容的。

如何才能正名呢？荀子说，想要进行正名，首先要弄清楚三个问题。

第一，为什么要有名称呢？荀子说：“异形离心交喻，异物名实玄纽，贵贱不明，同异不别。如是，则志必有不喻之患，而事必有困废之祸。故知者为之分别，制名以指实，上以明贵贱，下以辨同异，贵贱明，同异别。如是，则志无不喻之患，事无困废之祸，此所为有名也。”（《荀子·正名》）就是说不同形状的东西之间相互交叉，不同的事物之间名实纠缠，尊贵和卑贱不明确，相同和差异不区分，像这样，思想上就一定有不被了解的忧患，事情上就一定有困顿废滞的灾祸。所以智者对它们进行区分，制定名称来表述事实，上可以明确尊贵卑贱，下可以辨别相同差异，贵贱得到明确，同异有所差别，像这样，思想上就没有了不被了解的忧患，事情上就没有了困顿废滞的灾祸，这就是要有名称的原因。这也就是说为了明确贵贱、区分异同所以要有名称。

第二，根据什么来辨别事物的异同呢？荀子说：“缘天官。凡同类同情者，其天官之意物也同，故比方之凝似而通。是所以共其约名以相期也。”（《荀子·正名》）就是说根据天生的感官来辨别事物的异同。凡是相同类型相同情况的事物，它们给人感官的体会就有相同的地方，所以人们只要描述得大概相似别人就能够知晓他说的是什么了。这就是要统一约定名称来相互交流的原因。荀子还说，人的心可以验知事物，但是这种验知也是要等到感官获取事物特点之后才能够进行的。所以总体上说感官是辨别事物异同的依据。

第三，什么是制定名称的关键呢？荀子说，相同的事物就取相同的名称，不同的事物就取不同的名称，单一名称足以表明的就用单一名称，单一名称不能表明的就同时用多个名称，单一名称和多个名称无法避开的就共同使用。事物可以有共名（共有的名称），比如“物”就是最大的共名。事物也可以有别名（区别的名称），比如“鸟”“兽”就有很大的区别。事物的名称只要是约定俗成能够沟通就是恰当适宜的，如果简单明了又能表达清楚那就是好的名称了。在制定名称时，有两种情况需要加以区分：有的事物形状相同但本质不同，这时它们虽然可以合并，但属于不同事物；有的事物形状不同但本质相同，这是事物的形状发生了变化，但还可以说是同一个事物，这就是要考察事物实质来确定其本质和称谓的原因。荀子看来，这些都是制定名称的关键。

介绍完这三个问题之后，荀子又讲述了扰乱正名的三种情况：用名乱名、用实乱名和用名乱实。并针对这三种情况，分别给出了防治措施。而这些防治措施，便是正名的方法了。

首先是用名乱名。“见侮不辱(宋钘的言论)，圣人不爱己，杀盗非杀人也(墨子的言论)，此惑于用名以乱名者也。验之所以为有名，而观其孰行，则能禁之矣。”（《荀子·正名》）就是说受到欺侮不当作是羞辱，圣人不爱惜自己，杀死盗贼不是杀人，这些说法都属于用名称扰乱名称。对此，用已经制定的名称或说法来验证它，看看哪一种能够行得通，就能制止这种错误了。

其次是用实乱名。“山渊平(惠施的言论)，情欲寡(宋钘的言论)，刍豢不加甘，大钟不加乐，此惑于用实以乱名者也。验之所缘以同异，而观其孰调，则能禁之矣。”（《荀子·正名》）就是说高山和深渊一样平，人的欲望很少，肉并不比一般食物好吃，大钟（指音乐）并不能够增添快乐，这些说法都属于用实质扰乱名称。对此，比较这些说法与常规观点的异同，然后看哪一种更符合事实，就能制止这种错误了。

最后是用名乱实。“非而谒楹有牛，马非马也(公孙龙的言论)，此惑于用名以乱实者也。验之名约，以其所受悖其所辞，则能禁之矣。”（《荀子·正名》）就是说责难就是劝告，柱子上有牛，白马非马，这些说法属于用名称扰乱实质。对此，用共同制定的名称来验证它，用这些人认同的观点去反驳他们，就能制止这种错误了。

荀子还向我们介绍了真正的正名是什么样子的。“君子之言，涉然而精，俛然而类，差差然而齐。彼正其名，当其辞，以务白其志义者也。彼名辞也者，志义之使也，足以相通则舍之矣。苟之，奸也。故名足以指实，辞足以见极，则舍之矣。”（《荀子·正名》）就是说君子的言论，深入而又精微，贴近常理而有原则，表面看来不完全一致但其主旨是相同的。他使名称正确，言辞恰当，以此尽力表达他的思想。名称和言辞是用来表达思想的，所以只要能够相互沟通就可以了。那些不符合此原则的说辞，都是奸邪之说。所以名称只要足以反映事物的实际，言辞只要足以充分表达思想，就可以了。“故知者之言也，虑之易知也，行之易安也，持之易立也，成则必得其所好而不遇其所恶焉。而愚者反是。”（《荀子·正名》）就是说所以智者的言论，思索它容易理解，实行它容易安定，持有它容易竖立，达到这样必然能够获得喜好，避开憎恶。愚蠢之人的做法与此恰好是相反的。

至此，我们对荀子的正名有了一定的了解。我们可以体会，荀子正名的主张对扰乱名实制造怪癖邪说进行了坚决的抵制和批判，同时也提出了自己的解决思路，这对消除诡辩，使思想言论的关注点回归于正道是具有重要积极意义的。

第五节　天论

所谓天论就是关于天的论述。荀子对于天有着怎样的见解呢？他首先给我们讲了三个观点。

第一，上天的运行有其固定的规律，人遵循其规律就不会有灾祸。“天行有常，不为尧存，不为桀亡。应之以治则吉，应之以乱则凶。强本而节用，则天不能贫；养备而动时，则天不能病；修道而不贰，则天不能祸。”（《荀子·天论》）就是说上天的运行有其固定的规律，不会因为尧就存在，也不会因为桀就消亡。用礼义来配合上天就会得到吉祥，用混乱来配合上天就会处境凶险。增强根本（指发展农业生产）而节约用度，那么上天就不会让人贫穷；保养周备而行动合时，那么上天就不会让人生病；遵循正道而没有偏离，那么上天就不会降下灾祸。荀子还说，如果违背常理正道而去胡作非为，那么上天就不会让他富贵吉祥。

第二，天和人的职责使命不同，人不能和天争夺职分。“故明于天人之分，则可谓至人矣。不为而成，不求而得，夫是之谓天职。如是者，虽深，其人不加虑焉；虽大，不加能焉；虽精，不加察焉，夫是之谓不与天争职。”（《荀子·天论》）就是说所以明白了天和人的职分不同，那就可以称得上是至人了。不作为而达成，不求取而得到，这些叫作上天的职分。像这些，即使很高深，也不对此加以考虑；即使很博大，也不对此加以费力；即使很精妙，也不对此加以深察，这就叫作不与上天争夺职分。“天有其时，地有其财，人有其治，夫是之谓能参。舍其所以参，而愿其所参，则惑矣！”（《荀子·天论》）就是说天有天的时令季节，地有地的材料资源，人有人的治理能力，这叫互相参与配合。放弃自己的参与能力，而只把心愿置于和自己配合的事物上，那就是迷惑的行为。此外，荀子还通过君子和小人的差异来说明不与天争夺职分就能进步，反之则会倒退。他说，天和君子都有自己的规律本性，君子注重自己能掌控的事情，所以每天都有所进步；小人轻视自己能掌控的事情，反而去贪慕上天所决定的事情，所以每天都在退步。

第三，人制造出的反常怪异的事情灾害严重，非常可怕。荀子说，大禹和夏桀面临同样的天、地、时，但是大禹时期就能安定太平，夏桀时期就十分混乱，所以说社会的太平和混乱不是因为天、地、时，而是在于人的作为。“物之已至者，人祆则可畏也。楛耕伤稼，耘耨失，政险失民，田稼恶，籴贵民饥，道路有死人，夫是之谓人祆；政令不明，举错不时，本事不理，勉力不时，则牛马相生，六畜作祆，夫是之谓人祆；礼义不修，内外无别，男女淫乱，则父子相疑，上下乘离，寇难并至，夫是之谓人祆。祆是生于乱，三者错，无安国。其说甚尔，其菑甚惨。可怪也，而亦可畏也。”（《荀子·天论》）就是说从已经出现的事情中看，人祆（人制造出的反常怪异）是很可怕的。粗放地耕种会伤害庄稼，胡乱地锄草会影响收成，政策不当会失去民心，田地荒芜庄稼枯萎，粮价昂贵百姓挨饿，道路上有饿死的人，这就叫作人祆；政令不清不明，举动措施不合时宜，根本的事情（指农业生产）不好好治理，不顾农时劳役百姓，牛马相生，六畜反常，这就叫作人祆；礼义不加整顿，内外没有区别，男女淫荡混乱，父子相互猜疑，君臣离心离德，内忧外患同时到来，这就叫作人祆。祆是由于混乱而产生出来的，以上三种人祆如果出现，那国家就不得安宁了。这个说法非常深刻，人袄的损害非常严重，对此感到惊讶的同时，也应该感到畏惧。

了解了荀子的这三个观点之后，我们再来思考，人应该怎样做才能遵循天的规律、不与天争夺职分、避免制造反常怪异的事情呢?

荀子说："大天而思之，孰与物畜而制之！从天而颂之，孰与制天命而用之！""故错人而思天，则失万物之情。"（《荀子·天论》）就是说看重和思考天，不如根据天的本性积极作为。顺从和颂扬天，不如顺应天的规律进行治理。所以放弃人为的努力而只是对天进行空想，那就违反了万物的原理。这也就是说人应该遵循天的规律，在自己能够控制的范围内充分发挥主观能动性，积极努力作为。

那么应该从哪个方面进行作为呢？荀子说："在人者莫明于礼义。""礼义不加于国家，则功名不白。故人之命在天，国之命在礼。"（《荀子·天论》）就是说对人来说没有比礼义更重要的了。国家如果不推行礼义，那么功名就不能清楚明了，所以人的命运关键在于上天，国家的命运关键在于礼义。"若夫君臣之义，父子之亲，夫妇之别，则日切瑳而不舍也。"（《荀子·天论》）就是说对于君臣大义、父子亲情、夫妇区别这些，应该每日钻研而不停歇。所以总体来说，荀子认为人应该在礼义方面积极进行作为。

至此，我们对荀子的天论有了一定的了解。我们可以看到，荀子虽然以"天论"为题，但他把关注点更多地放在了人的方面。这就导致了一些学者认为"荀子认为人的作用是超越天的"。但笔者对此并不认同。太史公司马迁在《史记·孟子荀卿列传》中说道："荀卿嫉浊世之政，亡国乱君相属，不遂大道而营于巫祝，信禨祥。"就是说荀子厌恶当时混乱的政治，当时亡国昏君不断出现，他们不遵循正道却只钻营占卜祭祀，信奉求神就能得到吉祥。这段记述说明了荀子是为了针对性地解决当时的社会问题，所以在论述天时才颇费笔墨劝人重视人为和礼义。此外，在上一段中我们提到荀子说“故人之命在天”（人的命运关键在于上天），并且荀子亦无“人的作用超越天”的相关言论。如此，我们便能知道这些学者的观点是失之偏颇的了。

第六节　王制

所谓王制，就是圣明君王治理国家的制度方法。荀子认为君王应该怎样治理国家呢?

他给我们解释了王者之政（政策）、王者之人、王者之制（制度）、王者之论（论断）和王者之法（法度）。

荀子说,所谓王者之政,就是要“天德”(有像上天一般的德行),具体就是破格提拔贤才，罢免无能之人，诛杀作恶元凶，对民众进行教化，使社会尊卑有序。不依据出身贵贱，而是根据礼义确定尊卑身份。对散布邪恶言论、做邪恶之事的人，加强管理教育。对有残疾的人，根据他们的情况适当使用，让他们全都能衣食无忧。所谓王者之人，就是要“有原”（掌握住根本），具体就是用礼义端正自己的行为，按照法度来决断政事，明察各种细微，能够随着各种变化采取恰当的措施。所谓王者之制，就是要“复古”（沿用旧制），具体就是沿用“后王”（近当代的圣王）设置的礼义法度，废止与以前不一样的音乐、色彩和器具。使人们等级明确，尊卑有序。所谓王者之论，就是要“定论”（确定论断标准），具体就是依据德行确定身份尊卑，依据才能确定官职高低，依据功劳确定赏赐多少，依据罪行确定刑罚轻重。让官职和才能相当，刑罚和罪行相称。以此让民众避免刑罚，积极向善。所谓王者之法，就是要“人师”（民众的师表），具体就是规定合理的税赋等级，有序管理经济，好好养育民众。农田征收十分之一的赋税，集市交易只做管理而不征赋税，按照时节和各地的实际进行有序治理，使财物不会滞留积压，民众能够像一家人一样互相供给。让每个人尽展其才，各地民众都期盼归附。在这之中，我们能够看到，荀子认为治理国家应该沿用旧制、推崇礼义、任用贤才、明确法度、惩治犯罪、分类征税、保障困苦民众。

除了通过论述王者之政、王者之人、王者之制、王者之论、王者之法来表达观点，荀子还分散讲述了主要包含四个方面内容的治理国家的原则方法。

第一，要推崇礼义。“国无礼则不正。”（《荀子·王霸》）就是说国家不推崇礼义就不能端正。“故人之命在天，国之命在礼。”（《荀子·强国》）就是说人的命运关键在于上天，国家的命运关键在于礼义。“礼者，贵贱有等，长幼有差，贫富轻重皆有称者也。”（《荀子·富国》）就是说礼能够让社会尊卑有序，让不同身份的人都有对应的行为标准。“故用国者，义立而王，信立而霸，权谋立而亡。”（《荀子·王霸》）就是说君王推行礼义诚信就能称王称霸，推行权谋则会国家灭亡。

第二，要重视法度。“正法则，选贤良。”（《荀子·王制》）就是说要端正法度，甄选贤才。“霸者，渐庆赏以先之，严刑罚以纠之。”（《荀子·王制》）就是说称霸的圣王给予臣民恰当的赏赐，并且严明法律纠正臣民的行为。“夫尚贤使能，赏有功，罚有罪。”（《荀子·强国》）就是说崇尚贤才任用能人，赏赐有功之人，惩罚有罪之人。“故其法治，其佐贤，其民愿，其俗美。”（《荀子·王霸》）就是说所以法令清明，臣子贤能，民众朴实，风俗美好。荀子说，商汤王、周武王统一天下，民众归附就是因为这四点齐备。夏桀、商纣身死国亡就是因为这四点尽失。

第三，要爱护民众。“传曰：‘君者，舟也；庶人者，水也。

水则载舟，水则覆舟’”“故君人者欲安则莫若平政爱民矣。”（《荀子·王制》）就是说古书上说：“君王就像是船，民众就像是水。水能够承载船，也能够使船倾覆。”所以君王如果想要安定就一定要修明政治爱护民众。“用国者得百姓之力者富，得百姓之死者强，得百姓之誉者荣。三得者具而天下归之，三得者亡而天下去之。”（《荀子·王霸》）就是说君王得到百姓效力就能够富裕，百姓愿为之死就能够强大，得到百姓赞誉就能够繁荣。这三者都做到了就能取得天下，这三者都未做到就会失去天下。“殷之日，安以静兵息民，慈爱百姓。”（《荀子·王制》）就是说富足的时候就要停止战争让民众休养生息，仁慈爱护民众。

第四，要使国家富足。荀子讲述了使国家富足的方法。“足国之道，节用裕民而善臧其余。”（《荀子·富国》）就是说使国家富足的方法，就是节约用度，让民众富裕，并妥善贮藏多余的粮食财物。“轻田野之税，平关市之征，省商贾之数，罕兴力役，无夺农时，如是，则国富矣。夫是之谓以政裕民。”（《荀子·富国》）就是说少收农业税赋，合理集市征收，削减商人税费，减少发动劳役，不要影响农时，像这样国家就会富足。这叫作用政策使民众富裕。

除此之外，荀子还分析了导致国家弱小贫困的原因：“上不隆礼则兵弱，上不爱民则兵弱，已诺不信则兵弱，庆赏不渐则兵弱，将率不能则兵弱。上好功则国贫，上好利则国贫，士大夫众则国贫，工商众则国贫，无制数度量则国贫。”（《荀子·富国》）就是说君王如果不重视礼义、不爱护民众、不遵守诚信、不恰当奖赏、不使用有才能的将领，那么国家就会国力弱小。君王如果喜好功劳、追求利益，使士大夫和从事工商的民众人数过多，没有制数度量，那么国家就会贫困。

荀子有关治理国家的思想言论内容丰富，而总结起来，基本就是“君者隆礼尊贤而王，重法爱民而霸”（《荀子·强国》），就是说君王推崇礼义、尊重贤才、重视法度、爱护民众就能够称王称霸。这句话虽然没有覆盖荀子治国思想的全部，但也体现了其主要的思路。

至此，我们对荀子的治国思想有了一定的了解。我们看到，荀子治国思想的最重要特点就是通过吸收法家思想来对传统儒家治国思路进行丰富和创新，形成了被后世称为“礼法并施”的治国思想。而长期的历史实践已经证明，“礼法并施”的思路可行性极强，它对秦朝以来中国历代统治者都发挥了重要的启发和指导作用，并且时至今日仍不过时。如此，我们便能理解，在众多尊崇孟子贬低荀子的声音之中依然有很多人对荀子推崇备至，这确实是有其道理的。

[很多学者对荀子所谓的“法后王”（效法近当代君王）较为关注。但笔者认为，荀子所谓先王和后王的区别仅限于先王年代久远记载不详细。在《荀子》中几处带有“先王”的否定语句中，荀子均不是在否定先王的行为，而是在否定其他内容。此外，纵观《荀子》全书我们能够感受到荀子对先王和后王都是十分推崇的，我们甚至可以猜测荀子在使用“先王”和“后王”时是随便取用的。所以笔者看来“法后王”并非是荀子的重要思想内容，无过多内涵意义，笔者在此将不对其进行专门介绍了。]

第十一章

韩非

韩非，又称韩非子、韩子，战国末期韩国（位于今河南省）人，约生于公元前280年，卒于公元前233年。他是商君之后法家的又一重要代表人物，被认为是法家的集大成者。

韩非和李斯（秦朝丞相）同是荀子的学生，李斯自认为才学不及韩非。韩非为人口吃，不善口头表达，但是善于著书。他生于韩国，看到韩国政治废弛国力下降，多次上书进言却都不被采纳，于是退而著书。韩非的著作被秦王嬴政（后来的秦始皇）看到后，秦王对其十分钦佩，说："嗟乎，寡人得见此人与之游，死不恨矣！"（《史记·老子韩非列传》）就是说我如果能够和这个人认识交流，那就死而无憾了。于是设法把他招到了秦国。但是韩非到了秦国后，因反对攻打韩国而招致秦王怀疑，最终被投入狱中，在狱中死去。

韩非的思想继承了荀子"性恶"的观念，他在此基础上对君、臣、民之间的关系进行了深刻的剖析，有力地驳斥了当时盛行的儒家、墨家等学派的言论主张，并且提出了以"法、术、势"为核心的治国思路。韩非的思想见解十分深刻，其治国思想在两千余年后的今天看来仍能令不少人叹为观止。相信读者朋友在了解完韩非的思想言论之后，就会对秦王嬴政的感慨十分理解了。

韩非的思想主要记载在《韩非子》（也称《韩子》）中。《韩非子》由后人辑集而成，书中篇章大多数都为韩非本人所作。《汉书·艺文志》著录《韩非子》五十五篇（其中多数篇章都在论述治国思想，但也有两篇的主要内容为解读《道德经》，由于这两篇所占比例很小加之我们在老子一章中已经对《道德经》进行过了解，所以笔者不对这两篇进行具体介绍了），约十余万言。研究韩非，主要以此书为据。

第一节　法术势

所谓法、术、势，就是法度（法令制度）、权术、威势。这三者原本分别是法家代表人物商君、申不害、慎到提出的主张。而韩非认为，只有把法、术、势这三者结合在一起，也就是要在推行法度的同时还要精通权术、具备威势，如此才能真正使国家富强。这便是韩非治国思想的核心。

韩非推崇的法、术、势具体都包含什么内容呢?

首先我们来了解法。韩非说："法者，宪令著于官府，刑罚必于民心，赏存乎慎法，而罚加乎奸令者也。"（《韩非子·定法》）就是说官府明文公布，赏罚制度深入民心，奖赏谨慎守法的人，惩罚触犯法令的人，这就是法。

韩非对于法主要有哪些观点呢?第一，法度是治理国家的最好方法，君王如果使用法度治国将取得很好的效果。韩非说，用法度治理国家就能让臣民心有戒律，这样就能去除荒淫懒惰和虚伪奸邪，使强大的不欺侮弱小的，人多的不欺负人少的，老人得享天年，幼儿茁壮成长，边境不受侵犯，臣子间相互监督制约，父子间互相保护扶养。这样，整个国家就得到了很好的治理。除此之外，用法度治理国家可以有效替代烦琐的人为治理，压缩官员的自由量裁空间，解决"君王精力不足以体察国家所有事物"的问题。第二，以仁爱治国会使国家混乱，以法度来论功行赏、依过处罚才能使国家富强。韩非说，对穷人进行施舍以及不忍心让民众受罚这些都是世人所谓的仁爱，但是这样就会造成没有功劳也有所收获和违法也不会受到惩处，这样就是赏罚混乱，民众就不会为了求得收获和奖赏而努力耕作勇敢作战，也不会因为害怕受到惩罚而遵守法度。这样国家就会偏离正道走向混乱了。而如果依照法度论功行赏、依过处罚，那么臣民在趋利避害的本能指引下，就会努力躲避惩罚积极追求奖赏，如此一来，情况也就按照君王设置法度的本意去发展了，这样国家就能得到很好的治理了。第三，法度设置的赏赐应该适当，刑罚应该严厉。韩非说，法度设置的赏赐要足以鼓励善行，刑罚要足以威慑犯罪。其中，刑罚可以加重，赏赐可以适当减轻，君王只有这样做才是真正的爱护臣民。他对此进行了解释，如果对轻罪进行重罚，那么人们畏惧刑罚就不敢犯法了，这叫作“以刑除刑”（用刑罚去除犯罪），这就达到了目标效果。如果对重罪使用轻刑，那么人们畏惧刑罚的心理就不够强烈，犯法的事情就更容易发生了，这叫作“以刑招刑”（用刑罚招致犯罪），这就背离了目标效果。第四，民众眼光短浅，君王不能把民众的喜好厌恶当作设置法度的依据。韩非说，婴儿的心智是不能信从的，大人给婴儿剃头和剖疮是通过让他吃点小苦而给他带来大的好处，但婴儿无法理解并且会哭喊不止。而民众的认识就像婴儿的心智一样，也是不能依靠的。民众只能看到自己短期的利益，而无法关注到整体的更大利益，所以君王在设置法度时不应以民众的喜好厌恶为依据，而是应该从给广大民众带来更大实际利益的角度进行考量，这样才是真正的爱护民众。第五，法度应该公正严明，不能有所偏袒。韩非说：“法不阿贵。”（《韩非子·有度》）就是说法度不应偏袒权贵。在他看来，只有这样严格执行法度，才能维护法度的权威。除了以上五点，韩非关于法还表达了一个观点。他说，推行法度的人都很有可能会被处死，但这是属于仁智的行为，是对广大民众都有利的，所以纵使危险他也愿意去做。笔者看来，虽然韩非和孟子的治国思路差异极大，但是韩非这种想法已经算是达到了孟子所推崇的舍生取义的境界了。

接下来我们来了解术。韩非说："术者，因任而授官，循名而责实，操杀生之柄，课群臣之能者也。"（《韩非子·定法》）就是说依据才能授予官职，按照名位责求实效，掌握生杀大权，检验考核群臣的才能，这就是术。

韩非对于术主要有哪些观点呢？第一，君王要明察臣子，防止因宠信臣子而被其蒙蔽。韩非说，包括君王在内的每个人都有"肯定和自己观点相同的人，否定和自己观点相异的人"的本性。奸邪的臣子会利用人的这种本性，吹捧君王喜好的事物，诋毁君王厌恶的东西，以此来取得君王的宠信，然后再利用宠信蒙蔽君王、结党营私、控制群臣、获取利益。韩非说这样会造成国家的混乱甚至危亡，所以君王应该明察臣下，防止这种情况出现。第二，君王应不露声色，在群臣的辩论和行为中判明是非考察功过。韩非说，君王不能被臣子看透，应该隐藏自己的观点，让臣子无法探测揣度。看到也要装作没看到，知道也要装作不知道，然后在群臣的辩论中辨析是非，暗中观察臣下的功过，谨慎地对其进行考察。这样才能掌握事物的真相，做出正确的判断。第三，君王不应亲自操持事物，而是应该把精力放在操控和运用臣子上。韩非说，君王不应直接使用自己的才智，而是应该把精力放在明察臣下严格赏罚上，让臣子诚惶诚恐地恪守职责发挥才干。这样有了功劳君王就能占有贤名，有了过失则是臣子承担罪责，如此即使君王的才能智慧比不上臣子也可以统御群臣。韩非说，臣下承担劳苦，君主享受成功，这叫作"贤主之经"（贤明君主的原则）。第四，法术之士（推崇法度和权术的人）和重臣近侍（身居要职的大臣和身边的亲信）是互不相容的，君王一定要明察，防止法术之士受到陷害。韩非说，法术之士的主张会使大臣无法专制独断，近侍无法卖弄威势，这严重损害了重臣近侍的利益，所以重臣近侍必将诋毁陷害法术之士，而君王如果对此不能明察，那么法术之士就都不敢冒死向君王进言了，这是国家产生混乱的根源，君王应该防止这种情况发生。第五，君王做事情之前要计算好利益和代价。韩非说，只有利益多代价少的事情才应该积极去做。如果只看到得利而没有计算代价，放任臣子去做代价远远超出利益的事情，那这就是昏君的行为，名义上是得到但实际上却是失去，这种行为会让君王遭受损害，应该予以杜绝。第六，君王要让臣子无论是否发言都负有责任。韩非说，臣子发言不够真实是不行的，但用不发言来逃避职责防止出错也是不行的。君王要让发言的臣子表达清楚并且责求实效，同时也要明确不发言的臣子的责任，如此让发言与否都有了责任，也就能让臣子全都谨慎尽职了。

最后我们来了解势。“夫势者，名一而变无数者也。势必于自然，则无为言于势矣。吾所为言势者，言人之所设也。”（《韩非子·难势》）就是说所谓势，名称只有一个，但含义却有很多。对于出于自然的势，我们没有必要讨论。我们所谈论的势，是人为设立的权势。

韩非对于势主要有哪些观点呢？第一，君王和臣子的利益是矛盾的，所以君王应该弱化臣子的能量，让自己保持强大的威势。韩非说，君王的利益在于国库丰盈，自己手握绝对的权势，根据才能任以官职，根据功劳给予奖赏。臣子的利益在于结党营私，掌握权势控制君王（一个很明显的特征就是重臣喜欢拥立幼主，幼主长大就另立幼主），才学疏浅却能得到重用，没有功劳却能得到富贵。这二者是矛盾的，所以君王应该弱化臣子，强化自身，否则就会使国家陷入危亡。第二，君王应把权力集中在自己手里，不能与臣子分权。“威不贰错，制不共门。威制共，则众邪彰矣。”（《韩非子·有度》）就是说威势不能分置，权力不能同享。威势权力与别人同享，那么奸邪的行为就会出现。韩非说，君王应该集权，独自掌控绝对的威势，这样才能控制臣民。否则大权旁落，臣子企图操纵君王，那国家和君王自身都会处于危险境地。第三，空谈仁义没有意义，君王必须具有威势才能控制臣民。韩非说，空谈仁义对治理国家没有帮助，尧、舜如果不推行法治具备威势那么连三户人家也无法管好，因为民众不会听从他们的指挥。所以光靠仁义贤智是无法管理民众的，必须要用威势去控制臣民。

至此，我们完成了对法、术、势的了解。我们能够体会，法、术、势都对治理国家有着十分重要的作用，并且它们彼此之间是无法替代的。所以韩非在阐述自己的治国思想时，对这三者都十分的推崇，在他看来，只有君王同时运用好法、术、势，才能够真正治理好国家。

第二节　治国

在上一节中我们曾经提到，韩非治国思想的核心是法、术、势。而他除了阐述法、术、势之外，还围绕着这一核心总结归纳出了很多治理国家的言论观点。

韩非围绕法、术、势都有着哪些言论观点呢？

第一，君王引导和控制臣民应该依靠“二柄”（两种手段）：刑（杀戮）和德（奖赏）。（据《韩非子·二柄》）

第二，君王应该掌握“八经”（八项基本原则）：因情（依据人们趋利避害的常情来治理臣民）、主道（通过臣子之间的制约辩论来做出判断）、起乱（憎恶臣子会使其里通外国，宠爱臣子会使其权势扩大，二者都会造成混乱）、立道（暗中让臣子的下级了解臣子的情况向自己汇报）、类柄（通过臣子互相监督告发来掌握实情）、参言（不允许臣子提出模棱两可的观点，要让他们的言论真实明确）、听法（严格论功行赏依过处罚）、主威（用严格执行法度来确保自己的威势）。（据《韩非子·八经》）

第三，明君立功成名有四个条件：天时（顺应天时）、人心（顺从人心）、技能（掌握技能）、势位（拥有势位）。（据《韩非子·功名》）

第四，圣王将国家治理好要依靠三个主要措施：利（利益，用来引导民众）、威（威势，用来推行政令）、名（名义，用来让人们觉得名分恰当）。（据《韩非子·诡使》）

第五，君王要阻止八种对臣子的个人名声有利但却损害国家和君王利益的行为：不弃（为老朋友行私）、仁人（把公家财物分给众人）、君子（轻视利禄看重自身）、有行（为亲属徇私枉法）、有侠（放弃官职看重私交）、高傲（避开君王远离世事）、刚材（私斗不休违抗禁令）、得民（施行恩惠笼络民心）。（据《韩非子·八说》）

第六，君王要彰明法度，防范臣子的三种行为：为了得到更高的官位爵禄而吹捧请托；为了建立自己的威势而违法专权；为了逃脱法禁而假借忠信之名。（据《韩非子·南面》）

第七，圣王应该禁止臣子的五种奸邪之举：用钱财行贿骗取声誉；以赐予奖赏来拉拢众人；结党营私网罗谋士胡作非为；凭借赦免罪犯提高声威；用歪曲的言论、怪异的行为、漂亮的称号惑乱民众。（据《韩非子·说疑》）

第八，有四种情况会让国家陷入危亡：儿子中有和嫡子（妻所生的儿子）行事相似的庶子（妾所生的儿子）；配偶中有和妻子尊荣相似的妾；朝廷中有和丞相地位相似的大臣；臣子中有和君王权势相似的宠臣。（据《韩非子·说疑》）

第九，臣子实现奸谋有八种途径：同床（收买君王的妻妾使其蛊惑君王）、在旁（收买君王的亲信侍从使其影响君王）、父兄（笼络君王的叔伯和兄弟使其干扰君王）、养殃（通过压榨民众来发展君王的娱乐爱好，在其中夹杂私利）、民萌（散发公家财物取悦民众，在同僚和百姓中赚取名望）、流行（招揽能言善辩的人，使其编造有利于自己的言论蒙蔽君王）、威强（供养武士恐吓或杀害自己的反对者）、四方（用国家财力侍奉其他大国，然后再利用大国的势力恐吓诱骗自己的君王）。（据《韩非子·八奸》）

第十，君王的十种过错会导致伤身亡国：行小忠（推行小的忠诚）；顾小利（贪图小利）；行僻自用，无礼诸侯（刚愎自用，对其他诸侯国无礼）；不务听治而好五音（不致力于治理国家而是沉迷音乐）；贪愎喜利（贪心固执喜好私利）；耽于女乐，不顾国政（沉溺女色歌舞，不务国家政事）；离内远游而忽于谏士（离开朝廷去远方游玩，又不重视谏士的规劝）；过而不听于忠臣，而独行其意（有过错却一意孤行不听从忠臣的劝谏）；内不量力，外恃诸侯（不衡量自己国力，一味依赖其他诸侯国）；国小无礼，不用谏臣（国家较小却不遵从礼仪，不任用进谏的臣子）。（据《韩非子·十过》）

第十一，君王想要国家安定自身荣贵，就要做到“三守”（遵守三个方面原则）：防止出现把心中秘密泄露给左右亲信而影响忠臣进谏的情况；要独自掌控赏罚防止近臣掌握大权和威势；不要因厌恶政事的劳累而将生杀予夺的大权转移到大臣手中。（据《韩非子·三守》）

第十二，君王要防范篡夺君位的三种情形：明劫（臣子掌控大权结党营私而不对君王尽忠）、事劫（用巧言辩说迷惑君王，事情失败则和君王分担责任，事情成功则自己独占功劳，以此获取同僚的支持）、刑劫（臣子擅自掌控刑罚大权）。（据《韩非子·三守》）

第十三，君王要掌握让国家安定的七种方法：赏罚随是非（依据是非进行赏罚）、祸福随善恶（依据善恶赐予祸福）、死生随法度（依据法度掌控生死）、有贤不肖而无爱恶（不根据个人喜好厌恶判断人是否贤能）、有愚智而无非誉（不根据别人的赞美诽谤判断人是否智慧）、有尺寸而无意度（衡量事物依据客观标准而不依据主观猜测）、有信而无诈（遵守信用杜绝欺诈）。（据《韩非子·安危》）

第十四，有六种情况会使国家处于危乱之中：断削于绳之内（不充分按照法度裁决）、断割于法之外（超出法度进行裁决）、利人之所害（对别人的祸害进行帮助）、乐人之所祸（从别人的灾祸中取乐）、危人于所安（危害别人平安的生活）、所爱不亲所恶不疏（喜欢的人不亲近，厌恶的人不疏远）。（据《韩非子·安危》）

第十五，君王要防范会使国家混乱危亡的“五蠹”（五种像蛀虫一样的人）：学者（指儒士，他们称引先王之道来宣扬仁义道德，讲究仪容服饰而文饰巧辩言辞，扰乱当世的法度，迷乱君王的心智）、言谈者（指纵横家，他们编造假话，置国家的利益于不顾，借助其他诸侯国势力来达到私人目的）、带剑者（指游侠，他们聚集党徒，标榜气节来获取名声，违反国家的法令）、患御者（指逃避兵役的人，他们依附权贵大量行贿，借助权贵的请托帮助来逃避劳苦的兵役）、商工之民（指从事工商业的人，他们制造粗劣器具聚集奢侈资财，囤积货物伺机出售，谋取农民的财利）。（据《韩非子·五蠹》）

第十六，君王要明察“六反”（六种反常情况）。社会舆论把投降败逃叫作珍惜生命，把研究方术叫作大有学问，把游手好闲家产丰厚叫作具有才能，把歪理诡辩叫作善辩智慧，把凶暴冒险叫作刚强勇武，把包庇奸贼理应处死叫作仗义舍身，对这些行为进行赞扬。但是却把舍身殉国叫做失多得少，把服从法令叫作浅薄愚昧，把自力更生叫作才能不足，把单纯朴实叫作愚笨呆板，把谨慎事君叫作胆小怕事，把制止奸贼叫作奉承讨好，从而对这些行为进行诋毁。而实际上，舆论赞扬的六种行为是奸邪虚伪对国家没有益处，舆论诋毁的六种行为反而是发展耕战对国家很有益处。这种情况就叫作“六反”，君王应该对此明察。（据《韩非子·六反》）

除此之外，韩非还讲述了一些亡国的征兆：君王权势小而臣子权势大；轻视法令而好用计谋，荒废内政而依赖外援；群臣设置私学，子弟喜欢辩论，商人在外囤积财货，百姓在内贫穷困苦；嗜好建造宫池，爱好车马玩物，让百姓疲劳困顿，大肆挥霍钱财；喜好占卜祭祀；不根据正误而是依据爵位高低来听取意见，或者只通过一个人来了解掌握情况；官职可以靠权势求得，爵位可以用钱财买到；办事迟缓优柔寡断，毫无原则不敢决断；极度贪心而没有满足，追求财利而爱占便宜；喜欢虚华言辞而不注重实际功效；轻易表露意见情绪而被臣子看透；粗暴自负不听进谏；依附盟国怠慢邻国，依仗大国欺负小国；重用家产在其他诸侯国的游士；民众支持国相超过支持君王；不用本国人才喜用其他诸侯国人才，外来官员的官职超过本国大臣；正妻嫡子没有特殊尊贵，太子未定而君王过世；狂妄自大不衡量自己国力就轻视临近敌国；国家小却不尊重大国；在已经有太子的情况下又娶了强敌的女子为妻，让群臣忧虑摇摆；胆小怕事不敢决断和执行；君王在外而又另立君王，太子在外做人质而又另立太子；惩罚臣民之后又对其信任使用，导致这些臣民心怀不满却又有作乱条件；臣子结党营私勾结外国来争夺权势；听信婢妾的言语导致臣民悲愤失望，多次做违背法理的事情；对大臣亲戚轻慢无礼，劳苦百姓杀戮无辜；用智巧代替法令，法度随意更改，号令前后矛盾；城墙破旧国库空虚却轻易发动战争；王族短命，君王接连去世，国君年幼，大臣专制，外来的臣子权势强大，经常割地求取大国支持；太子党徒人多势众，与大国交往密切，过早具备个人威势；性情急躁易怒，不考虑前因后果；轻视农耕喜好用兵打仗；重臣相互争斗，对外私通敌国，对内困扰百姓，君王却不诛杀他们；君王无能而其兄弟贤能，太子势轻而庶子势强，官吏软弱百姓不服管教；心中藏有愤怒而不发作，不及时严惩罪犯，使群臣暗中憎恨埋怨；在外的将军或地方长官权势太大，独断专行；

太后不守贞操使君王无法专权；婢妾比正妻尊贵，庶子比太子尊贵，典谒（掌管觐见通报的小官）比执政的大臣尊贵；大臣私党众多权势太大，封锁君王决定，独揽朝政；任用权贵的家臣，排斥历代从军的功臣；抹杀官员履职的功绩，重视私行而轻视为国建功；国库空虚而大臣殷实，常住户贫穷而客居者富裕，农民战士困顿而工商业者得利；不追求根本利益，不戒备祸端苗头，对带兵打仗了解不多，只致力于用仁义粉饰自己；君王遵循一般人的孝道，听从母后命令，让女人治理国家；夸夸其谈而不合法令，头脑聪明而缺乏策略，拥有才能而不按法度办事；近臣得到使用而旧臣却被辞退，无能得以重用而贤良却被埋没，无功的人地位显贵而劳苦的人地位卑下，造成臣民怨恨；父兄大臣过度享受俸禄供养，君王却不加禁止；王族亲属横行乡里欺压百姓。（据《韩非子·亡征》）

除了归纳出的这些言论，韩非还介绍了其他一些观点。

第一，向君王进言劝谏非常困难，必须要掌握要领。韩非说，任何进言都有被误解而使进谏者遭受刑罚的可能。拿着合理的建议去向贤明的君王进言都不一定能被直接采纳，若是遇到昏君，就更是无法进言劝谏了。进言的最大困难在于需要了解君王的真实心理，以便使用恰当的说法去迎合他。韩非说，进谏者应该避开一些禁忌：在不被君王信任时就进言；谈话中触及君王心中隐匿的事；表露出知道君王做某件事背后的意图，特别是表露出知道君王自以为傲的计谋；倡言礼义直接指出君王的过错；进谏者筹划的事情被其他人猜出导致君王认为是进谏者泄露的；勉强君王去做他不愿做的事情。韩非还讲述了进言的要领，即“知饰所说之所矜而灭其所耻”（《韩非子·说难》），就是说要懂得粉饰君王自夸的事情而掩盖他所自耻的事情。韩非看来，进谏者只有掌握这些，才有可能躲避灾祸进言成功。

第二，君王应该使用连坐法，以此让臣民相互监督告发奸邪。韩非说，要想把国家治理好就应该善于禁止臣民的奸邪行为，而要想禁止掉臣民不易察觉的奸邪行为就应该让臣民窥探彼此的隐情，这便要使用“连坐法”（最初思路出自《商君书·禁使》），即周边的人有罪自己就要连坐受罚，如果自己察觉了周边人的奸邪行为并将其告发，那么自己就可以免受刑罚。韩非说，这样一来，臣民为了自己免受刑罚就会对周边的人进行监督和揭发，如此，即使是细小的奸邪也都不能藏匿了。（据《韩非子·制分》）

第三，君王对包括妻妾孩子在内的任何人都不能完全相信，否则就会遭受祸患。韩非说，君王如果非常相信自己的妻妾孩子，那么臣子就可以利用他们来实现自己的图谋。况且人的各种行为都是为了自己能够取得利益的，虽然妻妾和孩子很少会有憎恨君王的本意，但是当君王的死亡对他们更有利时，也就出现了一些妻妾孩子杀害君王的情况。所以君王对自己亲爱的人也不能完全相信，而是也要有所防备。（据《韩非子·备内》）

第四，国家设置的徭役不能太重，否则会对君王不利。韩非说，徭役如果太重，那么百姓就会困苦，权贵臣子会更加富有，这样就为臣子扩张势力提供了条件，是不符合国家长远利益的。而如果徭役较轻，那么百姓就会安定，臣子也无法扩大权势，并且民众还会感激君王的恩惠，这才是真正对君王有利的行为。（据《韩非子·备内》）

第五，君王不应相信儒家墨家宣称的先王之道。韩非说，儒家墨家推崇的先王之道都已经年代久远，无法考察和辨别真假。凭空提出无从考证的主张是属于欺骗的行为，而如果相信这种没有依据的主张那便是愚蠢的做法。（据《韩非子·显学》）

第六，君王应该从低级官职中考察臣子的能力来选拔出高官。

韩非说，丞相一定是从基层官员中选拔出来的，将领一定是从士兵中选拔出来的，高官必须要经历低级职务的考验，这样才能真正测试出其能力高低，并且这样按照能力和实效选拔高官的做法，也能激励臣子们都为了升官晋级而努力尽职。（据《韩非子·显学》）

第七，君王不能依靠卜筮鬼神来推断战争的结果。韩非说，卜筮鬼神不足以推断战争的胜负，星体方位变化不足以决定战争的结果。依仗它们来判断国家战事是非常愚蠢的行为。（据《韩非子·饰邪》）

至此，我们对韩非的治国思想有了大体的了解。我们可以看到，韩非以法、术、势为核心，包含丰富言论观点的治国思想见解深刻、注重实效、令人叹服，在治国方面树立了一座难以跨越的高峰。他的思想言论体现了高超的治国才学，对其后中国历代统治者都发挥了重要的指导作用，对后世产生了久远而重大的影响。此时，相信读者朋友们也对本章开始时我们提到的秦王嬴政的感慨能够十分理解了。